Guia de
Restaurants exòtics
de Barcelona

Josep M. Romero / Jordi Puig

Guia de RESTAURANTS EXÒTICS de Barcelona

EDICIONS
La campana

Altres llibres d'Edicions La Campana:

Sobre gastronomia

37. *Diccionari Luján de Gastronomia Catalana.* Nèstor Luján.
58. *Les Tres Glorioses.* Nèstor Luján

Sobre Barcelona

33. *L'Eixample vist per 20 veïns.* Patrícia Gabancho.
35. *Establiments i negocis que han fet història.* Lluís Permanyer.
43. *Els alcaldes de Barcelona en caricatura.* Josep M. Cadena.
45. *Noticiari de Barcelona.* Jaume Fabre i Josep M. Huertas.
47. *Barcelona, àlbum de fotos.* Lluís Permanyer.
63. *24 escriptors, 24 hores a la Rambla.* Joan Barril (crònica general), Agustí Carbonell (fotografies).
64. *Cites i testimonis sobre Barcelona.* Lluís Permanyer.
65. *Viatge pels Grans Magatzems.* Josep M. Espinàs.
    Carrers de Barcelona. (Obra Completa, volum 9). Josep M. Espinàs.

1a. edició: juny 1993
2a. edició (actualitzada): novembre 1993

Edicions La Campana. Balmes 61. 08007 Barcelona
Tel. 453 16 65/451 67 28 - Fax 451 89 18

Disseny: Helena Batet
Fotografia contracoberta: Miquel Portillo

ISBN: 84-86.491-86-X
Dipòsit legal: **B. 38.308 - 1993**
Imprès a Romanyà/Valls. Capellades.

AGRAÏMENTS

Volem agrair l'ajut de tot un seguit de gent amb què hem comptat durant l'elaboració d'aquest treball: gràcies a Albert Padrol pels bons contactes que ens ha facilitat; a Elizabet Li per l'assessorament per a la secció xinesa, i a Hiro Matsuo i a José Luis Izuel per la secció japonesa; per informacions i opinions diverses, Montse i Pilar, Miquel Portillo, Isabel i Albert, Quim i Lola, Vicenç i Rosa, Diana Soler, Pep Bernades; a Màrius Serra pels seus ajuts variats, com sempre; a Toni Arbonés per fer-nos costat en un grapat d'àpats incògnits; a Núria Oncins per la seva sapiència cuscussera; special thanks a Sara Fletcher, Leen van Daele, Fina Marfà i Miquel Fletcher per la seva paciència i ànims constants. Entre tots ens ho han posat una mica més fàcil.

ÍNDEX

RESTAURANTS JAPONESOS

RESTAURANTS COREANS

RESTAURANTS DE LA MEDITERRÀNIA ORIENTAL

INTRODUCCIÓ GENERAL

Us presentem la nostra guia de restaurants exòtics, primera d'aquest gènere a la nostra ciutat, compilació exhaustiva, i inspirada en predecessors a d'altres ciutats com Londres, nascuda a partir de la consciència que la presència d'aquest tipus d'establiments a Barcelona ja comença a ser considerable; als llistats de restaurants que apareixen a diaris i revistes s'informa sobre algunes d'aquestes possibilitats, de la mateixa manera que qui més qui menys en coneix el seu grapadet: nosaltres hem volgut reunir i ordenar tota aquesta informació, procurant que sigui el més completa possible, per bé que no és gens improbable que en el procés de producció d'aquest llibre se n'hagi tancat algun o, encara més probablement, que algun xinès nou estigui obrint les seves portes.

Nosaltres no som gastrònoms professionals; per això, hem cregut que seria molt pretensiós per la nostra part, i injust envers els restaurants, de pontificar sobre la qualitat de les seves propostes, provinents de tradicions culinàries tan diverses, i tan profundes i complexes cada una d'elles. Per això, en elaborar aquesta guia ens vàrem posar com a objectiu la informació i l'ordenació, més que no pas la valoració, la qual cosa no és obstacle perquè prou sovint, d'una manera no subjecta a cap rigidesa estructural, esmentem amb entusiasme plats i ambients que ens han sorprès i satisfet de manera particular. En cada restaurant hi trobareu en primer lloc la fitxa tècnica, adresses, horaris, menú del dia, transports i estàndard del local, que hem dividit en cinc categories (econòmic, moderat, mitjà, mitjà-alt, alt), classificació orientativa que hem elaborat tenint en compte la globalitat de l'oferta; algunes dades sobre les característiques del local, la gent que el porta i el seu ambient, i una descripció general de la seva carta, seguida dels plats que, per una o altra raó, estimem més aconsellables. Prèvia a l'enumeració dels restaurants, per situar cada secció, oferim una introducció general a la cuina del país o zona, i un comentari sobre els plats més típics per tal que pugueu interpretar millor les nomenclatures de les cartes dels diversos restaurants. Al final del llibre incloem un receptari, una trentena de receptes corresponents als països consignats, les quals hem procurat expressament que siguin realment viables per a qualsevol persona mínimament afi-

cionada a la cuina; si en algun cas hem hagut de fer alguna adaptació a ingredients locals –perquè sovint aquest és el problema, els ingredients– ho esmentem de manera específica. ¡Tremoleu, aquells que teniu parelles i amistats amb veleïtats culinàries!

I un comentari de tipus pràctic, respecte als noms dels plats: trobareu transcripcions diferents, segons els restaurants, de molts d'ells. Els plats més coneguts, com ara Chop Suey, s'escriuen a tot arreu de la mateixa manera, però en d'altres casos no tan populars no succeeix el mateix: per exemple Pul Goki, el plat nacional coreà, el trobem en ocasions transcrit com a Bulgogi, o Tandoori com a Tandur, o Tofu com a Do Fu, etc., perquè, és clar, no hi ha regles massa clares al respecte. Així doncs, cal fer atenció a aquest punt.

En elaborar aquest treball, ens ha interessat molt especialment el seu vessant social: en aquest sentit, la gastronomia ha estat la porta per la qual hem pogut penetrar una mica en els mons suggerents de les comunitats estrangeres de la nostra ciutat, gent tan propera físicament i tan dramàticament llunyana alhora, grans desconeguts, i hem de dir que, certament, aquest peculiar viatge urbà ha estat la part més emocionant del treball; hem pogut seure i xerrar, al voltant d'àpats, de tes i de cerveses, amb un ventall de personatges amb els que la nostra quotidianitat rarament ens posa en contacte– més enllà d'una comanda de Porc Agredolç o de Pollastre Tandoori–, famílies senceres que finalment formen part de la mateixa societat que nosaltres. Per aquest motiu, perquè ens hem sentit privilegiats i enriquits d'haver pogut penetrar en aquests mons, no volem acabar aquesta introducció sense pronunciar-nos amb contundència i entusiasme per tota mena d'integracions, interrelacions i mestissatges.

Desitgem que aquesta guia us sigui útil i que en gaudiu tant com nosaltres en fer-la.

Els autors

RESTAURANTS INDO-PAKISTANESOS

INTRODUCCIÓ

La gran marca distintiva de la gastronomia del Subcontinent indi són les espècies, les quals s'utilitzen, tant en varietat com en quantitat, més que a qualsevol altra cuina del món: a partir d'elles s'elaboren les sofisticades combinacions, d'una diversitat infinita, que coneixem amb el nom emblemàtic i ja universalitzat de Curries. Així doncs, la paraula Curry no es refereix, com sovint es creu, a una salsa en particular, sinó que defineix un concepte molt més ampli, aplicable a tot plat, ja sigui de carn, peix o verdures, en què la mescla d'espècies en sigui protagonista determinant; com que això és precisament la norma en aquesta cuina, el mot Curry –un mot d'origen encara incert, derivat de Kari, una salsa tàmil, segons el Diccionari d'Oxford– defineix finalment tota la filosofia de la cuina d'aquella zona del món.

El quadre de la cuina índia, tal com ha arribat als nostres dies, és el resultat d'una història mil·lenària, d'una tradició forta i sofisticada creuada amb múltiples influències de tot tipus. La religió, per exemple, determina un altíssim grau de vegeterianisme (algunes fonts diuen que fins al 80 %) i, conseqüentment, que aquesta variant de cuina estigui altament desenvolupada; la religió prohibeix els musulmans d'ingerir porc i els hindús vedella i porc, per la qual cosa aquests dos tipus de carn són proscrits de manera gairebé total. En el terreny històric, la més recent de les influències essencials va ser la de l'Imperi Mogol, arribat a finals del segle XV: la arrodonida subtilesa de la seva tradició culinària, molt pròpia de l'Islam de les grans èpoques, va aportar les anomenades espècies dolces (cardamom, clau, canyella, nou moscada, safrà) i propostes com el Biriyani, el Tandoori, el Rogan o el Korma, tan principals en les cartes d'avui en dia. Cal esmentar també el tema de la diversitat: la complexitat de les coordenades geogràfiques i històriques ha derivat en cuines regionals que sovint presenten diferències notòries, la qual cosa fa que sovint resulti inexacte de parlar de la cuina índia com un tot. Potser el cas més evident sigui el de la cuina de l'Índia dravidiana, en el sud, una zona que no va rebre la influència mogol; en aquest cas, molt més tradicional hindú, l'índex de vegetarianisme augmenta, els plats són més picants i s'utilitza la llet de coco com a ingredient bàsic, cosa que no succeeix al nord però que tornarem a trobar a Indo-xina. Altres cuines de forta i diferenciada personalitat són la bengalí, la panjabi i la gujarati. Dit això, establim que la cuina més generalitzada, a l'Índia però especialment a l'Occident, és la del nord (que engloba també el Pakistan), també coneguda precisament com a cuina mogol.

Els ingredients més bàsics d'aquesta cuina són l'all, la ceba i el gingebre, mares de tots els Curries; després vénen les espècies pròpiament dites, amb les que cada restaurant, cada àmbit, pot tenir la seva pròpia barreja, que rep el nom genèric de Garam Massala; després vénen les herbes fresques, com el coriandre i la menta. El «tall» del plat consistirà en llegums o verdures diverses; peix a les zones costaneres i, si és carn, pollastre o xai. Per a acompanyar, com a base, sempre arròs i/o un dels tipus de pa. L'elaboració d'aquests àpats sol resultar molt lenta i laboriosa. A les cases, les dones esmercen hores pelant verdures i fent bullir els pots. En el cas dels restaurants, n'hi ha de diversos tipus: els més populars ofereixen un plat de combinació, anomenat «Meals» o «Thali», que comprèn arròs i/o pa, Dhal, un parell de curries de verdures o de carn si és el cas, més una mica de iogurt i un «pickle» (adobat) de mango, tot plegat un equilibri divers i satisfactori. Fora d'hores, poden aconseguir-se snacks, com ara Samoses o Pakores. Els restaurants més clàssics, i més cars, que solem trobar a les ciutats ja d'un cert tamany, ofereixen una carta més variada i, de fet, similar a la que podem trobar a l'Occident.

La comunitat índia que habita entre nosaltres es dedica bàsicament al comerç, souvenirs i bazars d'aparells electrònics principalment, i els pakistanesos a treballs subalterns diversos. De moment, els que viuen de la restauració són una excepció, ja que la demanda en aquest sentit és ínfima, sobretot si ho comparem amb d'altres països occidentals i molt especialment amb la Gran Bretanya, on aquest tipus de menjar és extremadament popular. A la nostra ciutat tenim al voltant d'una dotzena d'opcions, de les quals tres són índies, precisament les d'estàndard més elevat, i la resta pakistaneses, encara que en el que respecta a les cartes no hi ha diferència entre els uns i els altres. Els grans temors del públic català en general provenen de la generosa especiació dels plats, i molt concretament d'una excessiva presència del picant, raó per la qual els diversos restauradors ofereixen unes resolucions molt suavitzades, sovint amb una absència total de picant. Cal preguntar doncs al respecte, i deixar-se aconsellar, sobretot aquells que s'inicien. El millor sistema, com sempre, és de compartir la major quantitat possible de plats entre tots els components de la taula. La diversitat us sostreurà de l'avorriment i del risc. Cal buscar l'equilibri entre els sabors, entre les fortors i les frescors, i aquesta antiga tradició té solucions per tot. Té un caràcter contundent i molt diferenciat de qualsevol altra cosa, però en el fons aquesta és la gràcia, és tot un festival a la vostra disposició i que és una llàstima de deixar perdre. Quan hi entreu no voldreu sortir-ne.

A continuació oferim un comentari sobre els plats més clàssics, que trobareu en pràcticament totes les cartes:

Els Pans: elaborats normalment amb farina integral de blat i sense llevat. Els més coneguts són: Chapati, el més simple i popular; Paratha, enriquit amb mantega i de vegades farcit amb verdures; Puri, una mena de Chapati fregit que queda bufat; i Nan, aquest amb llevat i fet al forn.

L'Arròs: una quarta part del terreny de conreu de l'Índia està ocupat per l'arròs que, simplement bullit, esdevé base de molts àpats. Entre les varietats més elaborades les dues més habituals són: el Pullao, del que descendeixen els Pilafs turc i grec i la mateixa Paella; és arròs sofregit i aromatitzat per alguna verdura (que és la que donarà el nom al plat), i després bullit en l'aigua justa, i amb la participació imprescindible de canyella, cardamom i llorer; i el Biriyani, més complex, en què l'arròs s'afegeix a un Curry al que li falten 20 o 25 minuts de cocció perquè s'acabi de resoldre tot junt.

Els Llegums: solen venir en forma de salses anomenades Dhals, de les quals n'hi tota una varietat, i que per la seva gran aportació proteínica esdevenen fonamentals en les dietes vegetarianes. Per això mateix són sempre presents, i de manera central, en qualsevol combinació de Curries.

Les Verdures: Mai bullides, sinó cuites a la brasa, al vapor, fregides o fetes a foc lent en una mínima quantitat d'aigua i els seus propis sucs.

Les Carns: Bàsicament xai i pollastre. Les resolucions més habituals són: Kofta Curry, mandonguilles de carn picada en salsa; Korma, Curry de carn enriquit amb ametlles, iogur i safrà; Tikka Kebab, broixetes de pollastre marinat prèviament en iogurt, espècies i fet a la barbacoa; Pollastre Tandoori, probablement el plat més internacional de l'Índia, pollastre marinat en iogurt i espècies i fet al tradicional tandoori, que és un forn típic de terra cuita on s'aconsegueix una calor intensíssima.

El Peix: A l'Índia es troba més aviat a les zones costaneres; altrament, rarament ocupa espais rellevants a les cartes. Les seves variants més habituals, a part de la brasa, són el tandoori o el curry (en aquest cas sovint enriquit amb llet de coco).

Snacks: N'hi ha una gran tradició a l'Índia. Els més habituals de les nostres cartes són la Samosa, mena d'empanada de característica forma tetraèdrica i farcides de carn o de verdures i la Pakora, verdures arrebossades en una pasta fina de farina de cigrons.

Complements: Normalment oferts en petites porcions que s'usen per a contrarrestar i completar els gustos dels curries centrals. Els més habituals són: Raita, hortalises (ceba, tomàquet, cogombre...) amanides en iogurt; Chutney, salsa refrescant la base de la qual pot ser fruites, coco, menta o coriandre fresc; Adobs, (Pickles), el més habitual dels quals és de mango; Papadam, que es pren com a aperitiu, mena de galeta finíssima, amb l'aspecte i textura d'una gran patata chip, elaborada amb llenties mòltes i fregides.

Les Begudes: encara que el cafè està molt estès, i sobretot al sud, el te es pot considerar encara com la beguda nacional. La variant característica s'elabora amb llet, canyella i cardamom i/o gingebre, i se serveix amb el sucre inclòs; en els restaurants d'aquí no el solen presentar fet d'aquesta manera tradicional perquè consideren que no ens agradaria, així que cal demanar-ho expressament. L'altra beguda digna d'esment és el Lassi, batut de iogurt i aigua que pot ser dolç, salat o amb sabors de fruites. En els darrers anys algunes indústries iogurteres ja han tret al mercat productes similars a la seva variant dolça.

TANDUR

Vallmajor 33 (Pl. Adrià) 08021; T. 200 56 65.
FFCC Bonanova. Horari: 13'30-15'30 i 20'30-23'30.
Tancat: diumenges. Estàndard: Mitjà-alt. Menú: 950 pts.

Miguel –també conegut com Mohandas, que de fet és el seu nom real– va decidir d'imprimir a l'antic Shahenshah un aire nou quan va agafar-lo pel seu compte l'any 1992. Expert cuiner, descendent d'una saga de reputats pastissers de Poona, va començar per abaratir la carta excessivament onerosa de l'etapa anterior i per proposar-se un servei especialment atent. Tandur, el nom escollit per a aquesta nova etapa, fa referència al clàssic forn hindú.

Se'ns presenta una carta ordenada i ben explicada en la que, com és habitual en els restaurants indo-pakistanesos, el peix s'emporta la pitjor part: tanmateix, ens comenta la possibilitat d'una daurada tandoori per encàrrec. Passant al gruix de les propostes, carn i vegetals, ens trobem amb una cuina refinada que confirma els sòlids coneixements del seu director i a uns preus perfectament assequibles. Tasteu per exemple les croquetes de formatge (Makhmali Kofta) d'entrada, per exemple; com a plat vegetal podeu demanar les albergínies amb pèsols (Brinjal Bartha) i com a carns un curry de pollastre (Murg Makhani) o bé un Kashmiri Korma si preferiu el xai. Entre els pans, podeu demanar l'especialitat de Paratha a la menta. I no cal oblidar tampoc les postres, entre les que recomanem amb entusiasme la Crema Índia i el Kulfi.

Miguel ha mantingut la decoració original, tirant cap a sumptuosa: des del pacífic carrer de Vallmajor s'accedeix a una àmplia entrada presidida pel retrat del gurú Sai Baba (del que és devot) i que condueix a una gran sala quadrada, capaç per a unes 100 persones i decorada –pràcticament folrada– amb uns panells de fusta tallada a mà importats de l'Índia. En resum, un lloc agradable tant per a una vetllada distesa com per a un més ràpid menú de migdia, que s'ofereix a molt bon preu.

MOGOL

Entença 137 (Avda. Roma) 08015; T. 226 72 25 – 226 60 23.
Metro: Entença. Horari: 13'30-15'30 i 20'30-23'30.
Tancat: diumenges. Estàndard: Mitjà-Alt.

Mogol és el nom escollit per a aquesta nova etapa (1992) de l'antic Maharajà, un local que ja gaudia d'una considerable popularitat per ser, fundat al 1983, el restaurant indi més antic de la ciutat. El nom de Mogol fa referència a la denominació genèrica de la cuina del nord de l'Índia, que és la que constitueix l'especialitat de la casa, portat per dos germans procedents de Nova Delhi però d'origen sindi.

No hi ha massa canvis respecte de l'etapa anterior: l'ambient, a base de quadres mogols, estovalles de roba i alguns objectes i musica índia segueix semblant-nos acollidor i molt a la manera dels restaurants de categoría de la mateixa Connaught Place de Delhi. Pel que respecta a la carta, manté majoritàriament els patrons clàssics de l'anterior.

Destaquem-hi, com a entrant original a la manera índia un excel·lent pollastre Tikka, com a alternativa al més conegut Tandoori, que tanmateix és, també, recomanable. Si us animeu amb una salsa, us remetem al Butter Chicken (Pollastre a la mantega), una especialitat a la crema de llet de la línia suau, molt particularment recomanable per a aquells que siguin poc amants de les fortors. Dintre de la mateixa línia suau, establerta de fet com a intent per connectar amb els nostres gustos, podeu provar també el Curry de Xai (nova recepta respecte de l'etapa anterior) i, si voleu un plat vegetarià, el Puré d'Albergínies està molt aconseguit. De postres podeu tastar el dolç bengalí Rashgula. Com sempre, aconsellem que si hi aneu uns quants seguiu el sistema de compartir plats diversos.

TAJ MAHAL

Londres 89 (Muntaner) 08036; T. 322 32 33 – 419 44 44.
Metro: Hospital Clínic. Horari: 13'15-16'30 i 20'45-24'30.
Tancat: Dilluns. Estàndard: Mitjà-Alt.

Ja fa bastants anys (1985) que aquest restaurant indi té les seves portes obertes, la qual cosa, junt amb la seva cèntrica situació, fa que sigui un dels més coneguts d'aquesta secció. És una gran sala rectangular, capaç per unes 80 persones, i pintada d'un rosa característic que despertarà els records d'aquells que hagin viatjat pel subcontinent.

El propietari, originari de Nova Delhi, centra la seva carta en especialitats del Nord de l'Índia, al capdavall les més conegudes, intentant de suavitzar-les, adaptant-les al gust d'aquí: només afegirà picant a requeriment exprés del client. La carta presenta els apartats habituals d'entrants, vegetals, pollastre i xai; destaquem com a singularitat les tres variants de Pollastre Tandoori, segons la preparació abans de procedir a col·locar la peça al forn: marinat amb iogurt, amb crema de llet i formatge o bé preparat amb herbes. Esmentem també el bon assortit de Pullaos (arrossos) que es presenta.

SHALIMAR

Carme 71 (Riera Alta) 08001; T. 329 34 96. Metro: Liceu.
Horari: 13-16 i 20-23'30. Tancat: Dimarts: Estàndard: Mitjà.

Una de les millors opcions pakistaneses de la ciutat és aquest petit restaurant situat al barri vell, establert al 87 com a estrictament econòmic però remodelat posteriorment cap a un nivell superior. Saif, que és nebot d'en Malek (del restaurant Kashmir) és el responsable del local i encarregat del menjador, mentre que el seu germà Tariq està al peu dels fogons. És una sala única i senzilla, per a unes quaranta persones, i l'ambient és acollidor, conformat majoritàriament per una clientela jove entre la qual no falta una bona quota de turistes i residents estrangers.

En el terreny del menjar, remarquem la gran qualitat general dels seus plats, entre els que destacaríem els seus Biriyanis (un sector no sempre massa ben tractat) i molt especialment el de verdures, un plat vegetarià molt recomanable. En aquesta mateixa línia verda, esmentem les Patates amb Espinacs. Com a especialitat de la casa se'ns presenta el deliciós Pollastre Shalimar, un curry molt reeixit amb un toc de crema de llet, una picada d'anacard, albercocs secs i coco ratllat. Per concloure l'àpat podeu demanar l'excel·lent pastís casolà de pastanaga.

KASHMIR

Sant Pau 39 (Liceu) 08001; T. 441 37 98. Metro: Liceu.
Horari: 13-17 i 20-23'30. Tancat: Dimarts: Estàndard: Moderat.

Mohamed Malek manifesta orgullosament que el seu restaurant és freqüentat per la gent del veí Romea; en aquest local senzill, ell s'ocupa del menjador, mentre que el seu cunyat Hussein respon dels fogons. Quan li preguntem pel nom del restaurant, diu que el va seleccionar per la fama de la regió, i no perquè ell personalment hi tingués res a veure; Malek, com pràcticament tots els pakistanesos dels restaurants, és panjabi.

La seva carta, un xic desordenada, revela una atenció aclaparadora cap als plats de pollastre, que són els que decididament recomanem a l'hora d'enfocar una elecció. És un bon lloc per a menjar el clàssic tandoori o bé, posats a ser un xic més originals, i buscant alguna salsa en la que sucar els sempre deliciosos pans, l'especialitat del Pollastre Panjab, que consisteix finalment en el curry especial de la casa: ceba, tomàquet, pebrot, all, i tot especiat amb gingebre, comí, coriandre i cúrcuma.

Prop d'aquest restaurant (de camí cap a la Rambla, per la mateixa vorera), cal esmentar el supermercat Sabri (Sant Pau 13, Barcelona 08001, Tel. 317 83 26-317 21 25) especialitzat en productes del subcontinent, en el que els afeccionats a la cuina trobareu els ingredients necessaris per a intentar els vostres propis dhals, chutneys, doses, massales, etc, i trobar espècies originals i vegetals –aquests enllaunats– propis de l'Índia. I al pis superior, encara una videoteca dedicada a pel·lícules índies, gènere impagable i indescriptible que no dubtem a recomanar a qui no l'hagi experimentat: tot un retall de l'Índia al vostre video; i penseu que, juntament amb els EUA, aquest país ostenta el liderat mundial en nombre de produccions anyals!

PAK

Salvà 16 (El Molino) 08004; T. 329 83 79.
Metro: Paral·lel. Horari: 12-16'30 i 20-24.
Tancat: Dilluns: Estàndard: Moderat.

Dintre de la línia senzilla, el Pak és un restaurant polit, propietat d'en Farooq qui, el 1990, va decidir de reconvertir una pizzeria en aquesta nova opció pakistanesa. És un local en què les estovalles de tela s'entrecreuen amb les plantes de plàstic i els quadres tirant cap a kitsch –tot en quantitats discretes–, i en el que és notori un fort predomini dels colors blanc i verd, i no pas perquè en Farooq sigui un fanàtic del Betis sinó més aviat perquè responen als de la bandera del seu país natal. En qualsevol cas, és una possibilitat original amb olor de sàndal pel barri del Poble Sec, i per cert molt prop del Molino, així que tindreu l'oportunitat de connectar dues opcions picants en un sol vespre!

En la seva carta, molt ben ordenada i també en català, se'ns presenta l'oferta clàssica general del subcontinent. Destaquem un bon bloc de biriyanis i les pakores com a entrants (cosa aquesta darrera que no es pot aconseguir a tot arreu), i si ens hem de posar carnívors ens tiraríem cap al Pollastre amb Espinacs. Esmentem també el Nan amb formatge, creiem que únic a la ciutat.

FAISAL

Ramon i Cajal 146 (Pl. Joanic) 08024; T. 284 78 32.
Metro: Joanic. Horari: 10-17 i 20-24'30. Tancat: Dimarts migdia.
Estàndard: Moderat.

A finals del 91, un panjabi pakistanès anomenat Faisal estableix un restaurant a l'estil del seu país en el barri de Gràcia: una idea excel·lent, ja que en aquest barri d'animació tan clàssic de la nostra ciutat, tan farcit de bars i restaurants, no és precisament abundant l'oferta de cuines llunyanes. El Faisal queda situat a la part baixa de l'apacible plaça de Joanic, un local senzill i sense pretensions, amb uns preus assequibles sense arribar a ser estrictament econòmic, amb estovalles de paper i ambientació a base de mesquites i quadres decididament kitsch: és una sala amb capacitat per a quaranta persones i atesa pel mateix Faisal.

Posats a triar la nostra opció, ens inclinaríem decididament pel pollastre, que és l'àrea de la carta que gaudeix de més atenció, encara que el xai i les verdures es presenten també amb una qualitat apreciable. Deixaríem de cantó el peix, que en aquests menús pren el paper de germà pobre i certament menys reeixit. Una bona idea per a compartir entre quatre persones podria ser la següent: una ració de Pollastre Tandoori, una de Pollastre Tikka –cuinat amb salsa de tomàquet, crema de llet i espècies– un Xai Massala –salsa diferent segons els llocs– i finalment una ració de verdures al gust, tot això precedit per unes Samoses i uns Papadams com a aperitiu. Compteu que la gran majoria de plats ja venen amb l'arròs, i en tot cas pregunteu al respecte. Demaneu algun Nan per a acompanyar l'àpat i bon profit. Com a postres podeu tastar les típiques boletes anomenades Rashgula –compte, són molt dolces–, un toc per a acompanyar el te o el cafè. Veureu com la qualitat del menjar és apreciable i els preus ajustats.

GOVINDA

Vila de Madrid 4-5 08002; T. 318 77 29. Metro: Catalunya.
Horari: 9'30-12, 13-16 i 20'30-24. Tancat: Diumenges i festius.
Estàndard: Mitjà. Menú: 990 pts.

El que el Govinda pretén, més enllà de la pura alimentació, és proveir la seva clientela d'una atmosfera agradable i relaxant. En fer-se càrrec d'aquest restaurant, una mica per casualitat, en Jaume Sans, un barceloní també conegut com a Suchi, va voler incorporar una manera de fer inspirada en les filosofies orientals, influència i raó dels seus múltiples viatges per l'Índia i, particularment, en la de Hare Krishna, grup del qual n'és simpatitzant: un gran retrat de Swami Prabhupada presideix el menjador. Per a acomplir aquest objectiu, s'ha preocupat de les formes: una sala acollidora, música suau, petits detalls com ara revistes, etc, cosa que agraeix la seva clientela sempre, però particularment els migdies, quan els professionals estressats necessiten un petit oasi.

El menjar és completament vegetarià, conseqüència lògica de la línia del restaurant. Destaquem per damunt de tot la possibilitat d'obtenir un Thali: és l'únic lloc on aquesta opció, tan absolutament quotidiana a l'Índia i tan desitjable, es pot aconseguir a la nostra ciutat. El Thali no és, de fet, més que una equilibrada selecció de salses i sabors que permeten allunyar-se de la monotonia d'un sol gust (vegeu introducció). Al Govinda ens ofereixen dues versions, una de més senzilla i una de més completa. Al marge d'això, destaquem també el seu biriyani de verdures, les Samoses i Pakores i, com a especialitat original, el Band Gobi Kofta, fulla de col farcida de fruits secs i formatge, enrotllada i arrebossada amb farina de cigrons i espècies: tota la sofisticació de la cuina índia.

En la carta també hi ha plats no indis per a aquells que ho vulguin (pizzes, amanides, rotllos de primavera), sempre en el terreny estrictament vegetarià; de fet, els menús del dia, així com els desdejunis, s'escapen del terreny de les especialitats índies.

EL GALLO KIRIKO

Avinyó 19 (Ferran) 08002; T. 412 48 38. Metro: Liceu.
Horari: 12'30-24. No tanca. Estàndard: Econòmic.

Si us trobeu pels voltants de la plaça de Sant Jaume i voleu un àpat econòmic, tingueu en compte aquest petit restaurant pakistanès encara que només sigui per a retre homenatge al seu nom impagable. Denominacions curioses apart, El Gallo Kiriko us reserva una sorpresa amagada de caire monumental, ja que us ofereix la possibilitat de cruspir-vos el vostre curry de torn en una sala construïda al caire d'una genuïna muralla romana: demaneu-ho expressament, ja que aquesta sala es troba oculta al fons del restaurant i per tant no es veu de primeres. Entre tots dos menjadors hi ha cabuda per a unes cinquanta persones. El restaurant és propietat d'en Rafiq, que us atendrà i ajudarà amb la carta, mentre que el seu germà Shahid està al càrrec dels fogons. La clientela està conformada majoritàriament per gent jove, amb un cert volum d'estrangers.

Davant de la carta, un xic desordenada, us heu de decidir finalment entre llenties, verdura, pollastre, vedella o carn picada; els plats que anomena Con Salsa (Carne con salsa, Verdura con salsa,etc.) són equivalents a una mena d'estofats i són els més recomanables. Com a hidrats d'acompanyament podeu triar entre arròs o cuscús, encara que aquesta darrera possibilitat no sigui ben bé típica del país. Una altra opció a tenir en compte, per a aquells que rebutgin les salses, és la del pollastre tandoori, el tradicional indo-pakistanès. I encara s'ofereix una petita gamma de plats locals en cas que algú dels acompanyants no sigui amic de les cuines llunyanes (bistecs, arròs a la cubana, pollastre a l'ast, etc.).

RESTAURANT MOHAMMAD AFZAL

Carabassa 3 (Escudellers) 08002; T. 302 60 25.
Metro: Drassanes. Horari: 12-24. No tanca. Estàndard: Econòmic.

SHENSHAH TAWAKAL

Vidre 7 (Pl. Reial) 08002. T. 318 79 69; Metro: Drassanes.
Horari: 12-24. No tanca. Estàndard: Econòmic.

Pels més curtits, i per butxaques molt minvades, a les rodalies del carrer d'Escudellers s'obren aquests dos restaurants supereconòmics, a cinc minuts de distància l'un de l'altre. Ambdós són regentats, juntament amb la carnisseria musulmana del carrer Serra, per la mateixa família –en el sentit ampli de la paraula– procedent del Panjab pakistanès. El primer d'ells, atès per l'afable Afzal, és el degà dels restaurants pakistanesos de la ciutat (1981), i molts el coneixen encara com a Las Patatas, a causa dels rètols de l'antic bar que s'havien mantingut durant molts anys sense que ningú no es molestés a treure'ls. L'altre, el Shenshah Tawakal, obert anys més tard, és atès per en Nisar.

En aquests restaurants podeu endrapar les gens migrades racions –a vegades tan quantioses que es fa difícil de maniobrar– que s'ofereixen d'una quinzena d'opcions, sempre en la línia dels estofats econòmics més encaminats a atipar el personal que a sorprendre'l amb delicades sofisticacions: pollastre, carn, carn picada, verdura o llenties, combinats amb arròs, cuscús o nan.

A nosaltres ens agraden aquests llocs, freqüentats bàsicament per immigrants, motxillers i viatgers nostàlgics, perquè ens aporten una retall de l'atmosfera més autèntica i genuïna del seu país.

RESTAURANTS DEL SUDEST ASIÀTIC

INTRODUCCIÓ

En el racó final d'Àsia, limitat per dues de les tradicions més poderoses del planeta i altrament obert a la immensitat aquàtica de dos oceans, s'estén aquest entrellat apassionant de cultures conegut amb el nom genèric de Sudest Asiàtic: en cada regió de la península i dels milers d'illes que conformen la zona s'han anat desenvolupant les històries particulars de tot un ventall de pobles, caracteritzades globalment per les influències imparables i decisives dels esmentats veïns, els gegants xinès i indi i, en un menor grau d'intensitat, de l'Occident; aquestes influències queden ben paleses en un aspecte tan simple i evident com els noms, Indoxina, Indonèsia o Filipines. Com no podia ser d'altra manera, aquesta gran diversitat queda reflectida en les respectives propostes gastronòmiques.

Consignem abans de tot les principals característiques comunes en les cuines de tota la zona, algunes de les quals són precisament contribucions de xinesos i indis: mentre que els primers introduïen l'ús de condiments tan importants com la salsa de soia, el Tofu o els fideus, i mètodes de cocció tan essencials com el saltejat i el vapor, els segons van aportar el seu gran coneixement de les espècies. Entre d'altres generalitats obligades, diguem que l'arròs constitueix la base de l'alimentació –conjuntament amb els fideus– i que existeix un gust considerable pels picants, aportat pel bitxo, ja sigui diluït en les salses o, en ocasions, de manera més directa. D'entre els ingredients bàsics, a més de tota la varietat d'espècies, destaquem el coco, tant la seva llet per a donar consistència als guisats com la polpa ratllada, que s'usa per a aromatitzar; els cacauets, sencers com a acompanyament o bé triturats per a espessir guisats i elaborar salses; el tamarinde, pasta utilitzada per a donar el toc àcid que requereixen alguns plats; les herbes fresques, principalment la menta, el coriandre, la tarongina, l'alfàbrega, l'anet i el fonoll; la salsa de soia, les fruites exòtiques i també la pasta de gambes assecades. Respecte a la manera de menjar, ressalta el molt propi i peculiar costum de presentar tots els components de l'àpat a l'hora, la qual cosa propicia el contrast de sabors i al mateix temps resulta molt atractiu des del punt de vista estètic.

Recollim ara alguns dels aspectes més notoris de les cuines dels diferents països. Indonèsia i Malàisia practiquen una cuina altament especiada (no cal oblidar que Indonèsia són les velles illes de les espècies), que fa un ús abundant de la llet de coco, els bitxos i les herbes. Tret de Bali, hinduista, i dels nuclis animistes, la majoria professa la religió musulmana, així que el porc està proscrit de la dieta general; dels altres animals s'aprofita tot el possible, incloent les vísceres, però els vegetarians poden estar tranquils perquè les verdures hi juguen també un paper important, així com el peix, a causa dels moltíssims quilòmetres de costa. De tot l'assenyalat cal fer punt i apart amb la comunitat xinesa, majoritària a Singapur i a certs enclaus de Malàisia, i també amb representació notable a Indonèsia, la qual segueix basant la pròpia alimentació en la cuina tradicional del seu país d'origen; tanmateix, l'estreta convivència entre una i altra gastronomia provoca influències en una i altra direcció, oferint com a resultat alguns mestissatges interessants. Els occidentals, per la seva banda, no van deixar gairebé senyals del seu pas: els portuguesos encara varen llegar els fregits a Malacca, però els holandesos poc més que un nom, encara que s'ha d'admetre que un nom reeixit, el qual ha esdevingut emblema de la cuina indonèsia: és el Rijsttafel, que traduït significa taula d'arròs, i que en realitat no és un plat sinó un concepte: aquest arròs a què fa referència el nom és la base i acompanyament d'un assortit tan quantiós i variat com es vulgui d'especialitats d'aquelles illes (15, 25, 40 platets diferents,...), que poden incloure curries, verdures saltejades, carn a la brasa, broixetes de pollastre, peix marinat i fregit, tot acompanyat de diversos Sambals, que són les salses majoritàriament picants elaborades a partir de bitxo, pasta de gambes, all, ceba i salsa de soia. Altres plats molt populars, fora ja del Rijsttafel, són: Nasi Goreng, arròs fregit amb diversos ingredients que varien molt (pot incloure gambes, pollastre, verdures, espècies, bitxo, all, ceba, pebrot, truita,...), i que sol anar acompanyat, a part, de plàtan fregit, tomàquet, cogombre, coco rat-llat, Sambal, tal vegada un ou ferrat; Sate, que consisteix en broixetes de carn (el més corrent és el de pollastre) a la brasa, prèviament marinada amb all, gingebre, salsa de soia, bitxo i suc de llimona, i que se serveix acompanyat de salsa de cacauet; i el Gado Gado, que és una amanida de verdures cuites amb salsa de cacauet.

La cuina tailandesa és producte d'una història més particularitza-da –recordeu l'antic regne de Siam– i un xic menys sotmesa a in-fluències exteriors. A Tailàndia predomina un gust pels picants i els agredolços, i es fa un ús abundant de les herbes fresques. Es pot establir una certa diferència entre les variants del nord, a la selva, en què predominen els curries especiats i consistents, amb carn de porc –aquest és un país majoritàriament budista– i del sud, a les zones costaneres, on la tendència és més suau i el peix i el marisc estan força introduïts a la dieta. Són molt populars, bones mostres del ca-ràcter imaginatiu d'aquest cuina, el Yam Polinai, amanida de pollas-tre trossejat, gambes, all, ceba, raïm, taronja i cacauets amb suc de llima i bitxos verds; el Tom Yam Kung, sopa agra i picant –és país de sopes– de gambes i xampinyons; i els plats Perfumats, a base de les esmentades herbes fresques, i molt especialment de tarongina, les quals els confereixen una aroma i un sabor altament distintius.

Vietnam i Cambodja són països molt especialment marcats per la influència xinesa, fins al punt que una bona part dels seus habitants són d'aquest origen. Conseqüentment, la cuina d'aquests països està molt emparentada amb aquella, encara que sovint s'hi troben va-riants diferents. Així, elements essencials són el Tofu, Fideus, Agredol-ços, Rotllets. Per altra banda, la llarguíssima i recent presència occi-dental no ha deixat gran cosa. Els francesos (que van arribar a finals del XVI), el pa. Els americans, que hi eren fins fa quatre dies... doncs bé, ja us ho podeu imaginar. Esmentem alguns dels plats principals: el Pho, una tradicional sopa de fideus, amb carn i herbes fresques, que allà es pren gairebé diàriament per a esmorzar; el Cha Gio, o rotllets a la vietnamita, també molt característics, fets amb una pasta d'arròs que conté una farça de pollastre, cranc, enciam i menta fres-

ca, servits amb una salsa picant; el Cha Ca, un peix marinat en espècies, pasta de gambes, suc de llima i tamarinde i després fet a la barbacoa, que se serveix acompanyat de cacauets torrats i fideus frescos.

Les Filipines, per la seva banda, han sofert la colonització, i per tant les influències, de dues cultures occidentals: Espanya, des de la primera meitat del segle XVI fins a finals del XIX, i els EUA a continuació i fins a l'any 1946. Gastronòmicament, els darrers han deixat la seva tradició d'hamburgueses i productes en llauna (llet condensada, maionesa, etc) que en el cas d'aquest país s'ha d'esmentar especialment perquè té una gran incidència, sobretot en certes franges de la població; els espanyols, per la seva banda, van llegar alguns aspectes més consistents, propis de l'estil mediterrani de cuina, com ara l'ús de l'oli d'oliva i el vinagre, d'alls, cebes, tomàquets i pebrots. En general, en aquest país hi ha una enorme i lògica afició al peix (7.000 illes!), i també a la carn de porc, amb la qual es produeix l'Adobo, plat nacional que consisteix en carn marinada en salsa de soia, vinagre, all, llorer i pebre i després fregida; de vegades, l'Adobo també s'elabora amb pollastre i calamars. També és molt típica la Caldereta, un plat d'olla.

A la nostra ciutat, la representació de les cuines del Sudest Asiàtic és molt minvada: tenim l'històric Bali com a únic representant de la cuina indonèsia, i més concretament balinesa; el Bunga Raya del barri de la Ribera com a única opció estrictament malaia, encara que aquesta especialitat també es toca en una de les seccions del restaurant xinès Sin Chow; aquest darrer, com que el seu propietari és de Singapur, també ofereix alguns plats típics d'aquella ciutat, creuament peculiar entre xinès i malai; l'apartat tailandès és malauradament minsíssim, a diferència del que és comú en altres països europeus. D'una cuina tan interessant, tot el que es pot trobar és una única pàgina en un únic restaurant xinès; de Vietnam-Cambodja podem dir el mateix, una secció en un altre xinès; finalment, l'apartat filipí queda representat de manera pràcticament testimonial per uns pocs plats obtenibles entre dos restaurants: El Segoviano, petit econòmic del Raval, i el Restaurante Galàxia, les dades del qual podeu obtenir en l'apartat «els xinesos de barri». Precisament els filipins són, d'entre els d'aquesta secció, la comunitat que compta amb un nombre més elevat de ciutadans a la nostra ciutat però, com ja se sap, la majoria d'ells es dediquen al servei domèstic i a treballs subalterns. Els ciutadans de cada una de les altres nacionalitats del Sudest Asiàtic poden comptar-se, pràcticament, amb els dits de les dues mans.

BALI (indonesi)

Avda. Miramar s/n (Parc d'Atraccions) 08004;
T. 441 30 84 – 441 36 09. Funicular Montjuïc.
Horari: 12-16 i 20-24. Tancat: Dilluns. Estàndard: Alt.

Aquest és un autèntic pioner entre les cuines exòtiques, feliç de poder celebrar el seu vintè aniversari l'any 92; el seu fundador i encara actual propietari i director és Chus Martínez. Era un cantant professional valencià que un dia va caure captivat per l'encís de l'Orient en general i d'aquella petita i mítica illa indonèsia en particular; avui en dia és el president de l'Associació d'Amics d'Indonèsia –amb seu en aquest restaurant– i segueix vinculat amb la cultura oriental i viatjant en aquella direcció cada cop que pot.

El Bali és un restaurant de categoria, i apropiat per tant per a àpats especials. L'ampli local, antic tablao de la Carmen Amaya, està decorat amb tot una varietat d'art i artesania d'aquell país insular. La música hi és sempre present, ja sigui en directe o en pot, però en tot cas en Chus, que té exposats tots els instruments del gamelan, està sempre disposat a donar-ne una explicació –al capdavall, segueix sent una de les seves passions.

Per triar, l'estructura de la carta us ho posa molt fàcil: teniu tres possibilitats de Rijsttafel, de 15, 20 i 26 platets respectivament; com se sap, el Rijsttafel –taula d'arròs en neerlandès– és un concepte inventat pels holandesos a partir de plats indonesis: el resultat és un deliciós festival de sabors, un àpat de delicades tapes indonèsies (la quantitat a triar depèn de cadascú, depèn de la gana i el moment, es fa difícil d'aconsellar en aquest sentit!). En l'assortit hi entra una mica de tot (arròs, pollastre, vedella, porc, peix, verdures,...), en forma de solucions com verdures en llet de coco, broixeta de llom amb salsa de cacauet (sate), amanida agredolça, carn amb pebrots, etc.

Puntualment i assabentant-se'n prèviament, en Chus també ofereix algunes altres possibilitats soltes com ara el clàssic Nasi Goreng o bé una combinació lleugera especial d'estiu, etc.

BUNGA RAYA (malai)

Assaonadors 7-9 (Princesa) 08003; T. 319 31 69.
Metro: Jaume I. Horari: 13'30-16 i 20-24. Tancat: Dilluns:
Estàndard: Moderat.

Ens és molt simpàtic aquest restaurantet del Casc Antic de la ciutat, de decoració kitsch tropical i propietaris singulars, una connexió de cultures diferents formada per l'anglès Frank Williams, tot un expert als fogons, i el malai Tengku Mohamed –qui se'ns revela com a cosí del primer rei malai de després de la independència– al càrrec del menjador. És un local petit (unes 50 persones, divisió entre dalt i baix) que fou establert l'any 1989.

La carta ens orienta decididament cap a l'anomenat menú, que de fet és un Rijsttafel, un assortit de platets que conforma una varietat estudiada i completa i la qual és, en la nostra opinió, definitivament aconsellable: l'arròs com a base, i acompanyat de pollastre en salsa, carn guisada, sate de pollastre, calamarsos en salsa, pinya i cogombre com a contrapunt refrescant, salsa Sambal per als qui els agradi el picant i coco. Si algú vol escapar-se d'aquesta combinació, també disposa d'algunes altres opcions: plats de verdures –llenties, albergínies...– pels vegetarians, un de peix (truita) en Sambal, i una varietat de sates: pollastre, vedella o xai. Ens consta que en Frank està especialment orgullós de les seves resolucions d'aquests sates, així com del pollastre en salsa i del peix en salsa. En principi, el restaurant manté una política de picant moderat, però aquells a qui els agradi fort poden demanar-ho expressament.

SIN CHOW (malai-singapurès)

Vallirana 74 (Lesseps) 08006; T. 218 10 41.
Metro i FFCC: Lesseps i Pàdua. Horari: 13'30-16 i 20'30-24.
Tancat: Diumenges nit. Estàndard: Moderat. Menú: 790 pts.

Sin Chow és el nom en xinès de Singapur, la Ciutat del Lleó, que és el lloc d'origen del Sr. Kang, el propietari d'aquest restaurant. La ciutat-estat de Singapur, entre Malàisia i el mar, és un enclau peculiar i dinàmic habitat bàsicament per tres tipus de població: una majoria xinesa, un bon contingent malai i un grup indi també important però un xic menor, cultures que poc o molt, s'influeixen entre si. I també, és clar, a nivell gastronòmic.

El Sin Chow opera des de fa deu anys com a restaurant xinès de barri, amb la carta, preus i decoració propis d'aquest tipus d'establiments. Però el que li és realment peculiar –i per això l'incloem en aquesta secció– són els 25 plats que ens vénen llistats sota l'epígraf d'Especialitats de Malàisia i Singapur, en què s'inclou una diversitat de propostes: per una banda, teniu la possibilitat d'intentar els clàssics de la zona, com el Nasi Goreng, Mi Goreng, o els Sates de pollastre i de rellomillo; per una altra banda, podeu tastar plats xinesos fets a la manera de Singapur, com ara el Chow Mien (fideus, carn i soia) o el Cuetiau, que són uns tallarins d'arròs guisats amb llagostins. A més, sota el nom japonès de Yoza ofereixen les Empanadilles Xineses o Uve Thieu, farcides de carn, gambes i gingebre, i també Rotlles Vietnamites, farcits de cranc, carn i fideus xinesos.

DINASTIA (tailandès)

Alfons XII 8 (Travessera de Gràcia) 08006; T. 218 08 48.
FFCC: Gràcia. Horari: 12-16 i 20-24. No tanca.
Estàndard: Moderat.

El Dinastia és un restaurant que pertany a la darrera onada de xinesos –obert en els primers dies del 93–, i que presenta un local gran i espaiós, tirant més aviat cap a sumptuós. El local és regentat per la família Xu, de Shangai, instal·lada a París en aquest sector des de fa anys, i que ens aporta una novetat ja prou estesa entre els restaurants xinesos de la capital francesa: una secció de cuina tailandesa, la qual se situa de moment com a única possibilitat a la nostra ciutat de tastar els sabors d'aquell país del Sudest Asiàtic.

Aquest apartat consta d'una vintena de plats, alguns dels quals mantenen una certa proximitat amb la cuina xinesa. Si voleu apartar-vos-en, us recomanaríem les sopes (la més típica és l'anomenada de marisc, agra i picant de llimona i salsa tailandesa respectivament); i de segon aniríem a parar a les variants de Perfumados, sabors i olors singulars aconseguits a base d'herbes –particularment tarongina–, ingredients destacadíssims a la cuina d'aquell país. Un altre plat original són els musclos amb salsa tailandesa, inspirada en el Sate, elaborada a base de soia i de cacauet. Per la seva banda, els amants dels rotlles en poden tastar la variant tailandesa, feta de pasta d'arròs i farcida de carn i verdures.

EL SEGOVIANO (filipí)

Paloma 19 (Rda. St. Antoni) 08001; T. 301 29 95.
Metro: Universitat, Urgell. Horari: 8 matí - 1 nit.
No tanca. Estàndard: Econòmic.

Contràriament al que la rotunditat d'aquest gentilici sembla indicar, no descobrim en aquest petit local un adust castellà vell concentrat en l'elaboració d'un cochinillo, sinó una amable família filipina, encapçalada per l'Ilalo, que no ha cregut convenient ni necessari de variar el nom del restaurant.

Des de finals del 92, l'Ilalo i la seva dona Reme regenten aquest bar petit, econòmic, amb l'aspecte de tants altres bars petits i econòmics del mateix Raval o d'altres barris de la ciutat. En realitat, el gruix de la seva oferta perpetua el que ja devia oferir el senyor de Segòvia, croissants i donuts, plats combinats, entrepans i tot això. Com a una segona opció nova, ja poc anunciada, la família ha introduït una carta xinesa completa. Però el que ens interessa a nosaltres, el que el fa realment singular, és la possibilitat de tastar un grapadet d'especialitats filipines que no consten ni tan sols a la carta: la més coneguda de totes és la Caldereta Filipina, un estofat de cabrit tradicional a base de ceba, tomàquet, all, pastanaga, pèsols, pebrot, pinya i un toc final de formatge ratllat, utilitzant mantega en lloc d'oli i amb el picant sempre a part; una altra possibilitat és el Kilawen, carn de cabrit trossejada a la planxa amb gingebre, cebes, llimona i picant, i l'Adobo, de pollastre o de porc, a base de ceba, all, patates, pebrot, vinagre i salsa de soia. Aquestes dues darreres se serveixen també de vegades com a tapetes. No cal dir que, degut a les característiques informals d'aquest tipus de plats, pot haver-hi variacions en les seves disponibilitats, però podeu comptar que sempre en tenen algun a punt, si més no per a satisfer la clientela d'aquell país.

RESTAURANTS XINESOS

INTRODUCCIÓ

Dintre de les propostes recollides en aquest llibre, els xinesos requereixen un punt i apart, ja que són l'únic cas de gastronomia exòtica que ha aconseguit d'integrar-se plenament a la nostra vida quotidiana. A ningú espanta ja la possibilitat d'un àpat en un restaurant xinès, i és més, la majoria de nosaltres ja té raonablement definides les seves preferències i criteris al respecte. Les causes d'aquest èxit popular s'han de buscar bàsicament en l'esperit emprenedor i dinàmic, pragmàtic i sobretot adaptable que ha estat característic d'aquest poble al llarg de la història, el qual els atorga una capacitat especial per a muntar-se la vida a qualsevol punt del planeta –i certament se'ls troba a tot arreu–, sovint d'una manera sigilosa i a part, gairebé imperceptible, i de reeixir en cada un dels llocs a trobar un punt d'equilibri còmode entre la seva tradició i les necessitats del públic que ha d'esdevenir el seu client. En el nostre cas, i a causa de la mentalitat decididament conservadora que el nostre país manifesta en l'aspecte culinari, els xinesos han optat per suavitzar dràsticament les seves propostes, i ho han fet tan a consciència que sovint han arribat a assolir una tediosa monotonia de «ranxo» en què tots els plats acaben tenint el mateix gust, la qual cosa pot acabar tornant-se, a la llarga, en contra seva: atents a aquest fet, alguns restaurants ja estan intentant combatre aquesta imatge d'avorriment gastronòmic amb propostes més agudes i originals, tal i com comentarem més endavant. Les altres claus de l'èxit d'aquest sector són l'ambient relaxant, net i agradable de locals, amb les seves decoracions kitsch d'estil imperial, i uns preus absolutament assequibles.

Les bases de la cuina xinesa són, com tot en aquella tradició, antigues i complexes, impregnades d'un fort caràcter. El poble xinès sempre ha estat molt nombrós i pobre, raó per la qual han hagut d'esperonar la imaginació: l'aprofitament de tot el que sigui comestible (diuen que mengen tot el que tingui quatre potes excepte les taules i tot el que vola excepte els estels), o el fet de trossejar-ho tot (per coure-ho més de pressa i estalviar combustible) són dues característiques clàssiques que deriven d'aquesta circumstància. Cal distingir també entre el que seria la cuina del poble, sovint un bol d'arròs acompanyat amb unes modestes cullerades de salsa, que en les festes vindria coronada amb un bocí de carn, i la sofisticada cuina de les corts imperials, que comptava amb tota mena de mitjans; de fet, el que s'ofereix als restaurants deriva, com és natural, d'aquesta darrera: cal imaginar-se la realitat original de propostes tan suggerents com la de Sopa de Niu d'Oreneta, o d'Aleta de Tauró, etc., avui en dia reduïdes a sospitoses preparacions de llauna o en pols. En termes generals, es considera que les bases de la cuina xinesa es van assentar fa uns 3.000 anys, en què es consolidaren els sistemes de cocció i els ingredients bàsics d'aquesta tradició.

La Xina és un país enorme, que ofereix una gran diversitat en tots els sentits. Naturalment, això queda reflectit en la gastronomia, la qual presenta un quadre de variants molt complex. Tanmateix, de manera esquemàtica, es considera que la cuina xinesa es pot dividir en tres grans grups:

La cuina de Pequín, al nord, creuament històric entre la mogol i la manxú, o els bàrbars i els sibarites, és una cuina amb tendència a la lleugeresa i la sobrietat. En contrast amb la resta del país, en aquesta zona es menja relativament poc arròs, mentre que el pa pren més protagonisme; és lloc d'origen de plats tan coneguts i estesos, ja en diferents variants, com els rotllets, les crepes i les empanades, però per damunt de tot destaca la seva qualitat d'inventors dels fideus i per extensió de la pasta en general, creació cabdal sobre la qual continents sencers s'havien d'abocar amb entusiasme en segles venidors, a partir del moment, finals del segle XIII, en què Marco Polo els donés a conèixer al seu món occidental. Destaquem també entre les seves propostes típiques l'ànec lacat, sovint conegut com a pequinès, i les especialitats dels agredolços.

La cuina de Canton, del Sudest, és la més estesa i coneguda a l'Occident, i és la més complexa i elaborada. Efectivament, Canton té fama de paradís gastronòmic, tal i com es desprèn de la següent dita: «Néixer a Suzhou (amb fama de les dones més maques), menjar a Guangzhou (el nom xinès de Canton), vestir a Hangzou (zona de fàbriques tèxtils) i morir a Luzhou (la millor fusta per als taüts)». A Canton es dóna un gran consum d'arròs, el qual esdevé la base de tots els àpats, raó per la qual li diuen «el bol d'arròs de la Xina». És molt característica la cuina dels animals més inusuals, com ara gossos, micos o serps, producte d'una mentalitat sofisticada en circumstàncies de necessitat.

El tercer i darrer dels grans grups és el de Sixuan, cuina poderosa i estimulant molt poc coneguda entre nosaltres precisament perquè la seva característica distintiva i principal és la presència generosa de picant: el seu pebre és molt cèlebre.

Sota la influència d'aquests grans focus, i amb els seus propis elements, les cuines de cada regió van elaborant les seves variants més o menys originals i diferenciades. Potser cal esmentar en aquest sentit la cuina de Shangai, si més no per la seva importància quantitativa, que a grans trets es basa en la cuina de Canton però amb elements pequinesos, combinació que correspon perfectament a la seva situació geogràfica. Com a mostra del dinamisme a què feiem referència abans, notem també la cuina de la diàspora, de la qual n'és emblema un dels plats més coneguts entre nosaltres: el Chop Suey, plat consistent en la cocció ràpida de restes (normalment verdures i carn) en gingebre i salsa de soia, invenció de finals del segle passat dels treballadors xinesos enrolats en la construcció del ferrocarril als Estats Units.

La cuina xinesa presenta unes quantes claus bàsiques i característiques. Quant a la cocció, anotem el saltejat que es realitza en el «Wok», mena de paella de parets altes i base molt estreta (sovint és completament còncau), instrument peculiar i imprescindible que darrerament ja ha agafat molta difusió per les cuines del món; l'altre mètode més típic és el vapor, i també el bullit i la brasa. Quant a ingredients, els més utilitzats són l'all, la ceba i el gingebre, i també, en l'apartat de condiments, la salsa de soia, el vi d'arròs i el sèsam entre d'altres; naturalment, com a bases, arròs i fideus, i com a acompan-

yament un gran consum de verdures (brot de soia, bambú, cols, pebrots, Tofu,...), mentre que el peix, el marisc i la carn, que sobretot és de porc, depenen de la butxaca de cadascú.

Els plats més corrents que trobem entre nosaltres són: les Sopes, en general brous senzills de carn —normalment pollastre— i verdures que sovint porten fideus; Arrossos i Fideus, fregits i acompanyats de daus de carn, peix i de verdures; Chop Sueys, saltejats de verdures i/o carn i/o peix aromatitzats amb gingebre i salsa de soia; els Agredolços, bàsicament de porc o de vedella, encara que també es fa amb peix, sabors aconseguits amb sucre, suc de cítrics i vinagre d'arròs; els Curries, normalment preparacions molt senzilles i uniformitzades amb verdures, carn i peix.

De les especialitats més originals, disponibles encara a una petita part dels establiments, en destaquen, sobretot, dues: l'Ànec Pequinès, que requereix un complicat procés d'elaboració durant el qual s'infla perquè la pell se separi del cos, i s'asseca a l'aire, després s'unta amb mel i salsa de soia; se serveix la pell cruixent, la carn, unes crepes de farina de blat i unes cebetes per a completar el gust; i el Dim Sum, molt típic cantonès, consistent en un assortit de tapes que bàsicament inclouen, per una banda, empanades i bunyols, al vapor o fregits i farcits de gambes, porc, verdures,... i, per una altra, carn cuita a la brasa o al vapor.

El primer restaurant xinès que va existir a la nostra ciutat portava el nom de China Garden; corria la primera meitat dels anys cinquanta, i estava orientat més aviat als mariners d'origen xinès que toquessin la nostra ciutat. No gaire més tard tanmateix, l'any 1956, un jesuïta pequinès anomenat Peter Yang obria El Gran Dragón al carrer Ciutat, i aquest és el que, amb una trajectòria llarga i feliç que va durar fins els anys vuitanta, ha quedat definitivament reconegut com el gran pioner de la cuina xinesa a Barcelona. El pare Yang, fugitiu del comunisme, va arribar al nostre país amb una beca, i havia de ser clau en la història de la comunitat xinesa de la nostra ciutat, ja que de la seva mà entraria gran part de la primera fornada duradora de ciutadans del seu país, els quals establirien els primers restaurants. El pare Yang, a més, és mestre de Tai Chi, reconegut introductor d'aquest art marcial a la nostra ciutat.

Actualment, es fa molt difícil de saber el nombre exacte de restau-

rants xinesos i també el de persones d'aquest país –països, més aviat, perquè Taiwan i Hong Kong van inclosos en el concepte– que conviuen entre nosaltres. Després de sondejar diverses fonts, podem aventurar una xifra d'uns sis-cents establiments en el conjunt de l'àrea metropolitana de Barcelona, dels quals gairebé la meitat s'han obert en els darrers dos anys, és a dir al voltant de la cita olímpica. Respecte a les persones, una de les dades més còmiques que hem vist mai la vam descobrir en l'Anuario del Instituto Español de Migraciones 1992, segons el qual a Barcelona ciutat hi resideixen exactament 239 xinesos, la qual cosa ens va induir a pensar que, o bé la nostra administració tenia un sentit de l'humor envejable o bé que la seva noció de la realitat estava decididament distorsionada. Pel que fonts menys fantasioses ens han comunicat, se'n calculen uns cinc o sis mil en aquests moments.

El fet que existeixi una quantitat tan elevada d'aquests establiments, i molt particularment després de l'allau dels darrers anys, ha acabat creant més confusió que altra cosa: la gran homogeneïtat aparent entre tots ells converteix en difícil i fatigós de discernir i singularitzar les opcions d'interès, de tal manera que, sovint, acabem reduint-nos a les mateixes propostes de sempre. I, tanmateix, no és pas cert que tots siguin iguals. Hi ha un grapat d'excel·lents restaurants en els quals un pot lliurar-se al plaer del menjar xinès de qualitat, descobrint els refinaments ben resolts d'una de les millors gastronomies del planeta i allunyant-se de l'habitual sensació de ranxo i de déjà vu. D'aquests n'hem seleccionat set, els quals compten amb la millor de les reputacions, admesa de manera pràcticament unànime entre els del sector, la qual cosa no vol dir que siguin els únics que ofereixin autenticitat i qualitat. Això sí, els preus estan en consonància amb el que ofereixen i s'allunyen de la barator habitual dels xinesos. Aquests set restaurants conformen la primera part d'aquesta secció. Per a completar-la oferim referències d'una vintena de restaurants de barri de tipus ordinari, dispersos per la ciutat, que hem recollit de manera heterogènia, bàsicament a partir de recomanacions d'amics, procurant seleccionar opcions que, dintre dels límits propis i esperables en aquesta franja, ofereixin unes garanties raonables.

PEKIN

Rosselló 202 (Balmes) 08008; T. 215 01 77. Metro: Diagonal.
Horari: 13-16 i 20-24. Tancat: Diumenges nit. Estàndard: Mitjà-Alt.
Menú: 1.400 pts.

El Pekín és propietat de la família taiwanesa Kao, una família que ja porta anys assentada en aquest sector. Tot i que el restaurant va obrir les portes el 82, la singularitat que l'ha convertit en un dels més famosos de la ciutat data del 88, quan la segona generació impulsa una autèntica revolució: per una banda, abandonen la decoració convencional i aposten per un disseny radicalment diferent i modern que els val el premi FAD d'aquell any, un disseny equilibrat i suau, íntim, acollidor; per altra banda, creen una carta més imaginativa i flexible. El temps els ha donat la raó, perquè aquest exitós establiment és punt de referència obligada a l'hora de tractar dels restaurants xinesos de Barcelona.

El nom propi concret que ha anat dirigint aquesta trajectòria original és Kao Chen Min, que és la persona que us atendrà i aconsellarà en el menjador; deixeu-vos orientar, perquè és una persona que sap el que es porta entre mans i, a més, sovint us sorprendrà amb alguna proposta que no apareix a la carta.

La carta, més aviat curta pel que és habitual en els xinesos, acull plats de cuina pequinesa i cantonesa. Com a entrants, tenen molt d'èxit les Verdures Especials, que és una crepe farcida de verdures al dente –soia, blat de moro, bolets xinesos, mongetes xineses, bròquil– i també l'Amanida Peking, a base d'espinacs i fideus xinesos amb oli de sèsam; si sou dos i carnívors, podeu partir-vos uns entremesos Lilan, conformats per pollastre, llom en salsa i vedella en salsa, tot fred; si tireu cap a sopes, teniu la possibilitat de la d'Aleta de Tauró o bé la Sopa Agra i Picant, una subtil i dificultosa combinació de gustos. De segon, destaquem l'Ànec Especial elaborat en el forn tradicional i servit amb la crepe, la ceba i la soia reglamentàries; també se'ns recomana el Porc Hou-Ko, un llom adobat acompanyat de bambú, col, soia i chili, això en cas que us tireu a la carn. Si preferiu peix, s'aconsella un llobarro al vapor, aromatitzat amb gingebre, o bé un lluç amb salsa de soia, gingebre i chili. Podeu rematar l'àpat amb unes postres anomenades Pin Kuo, una poma al caramel amb llavors de sèsam.

SWAN

Diputació 269 (Pg. Gràcia) 08007; T. 488 09 77.
Metro: Pg. Gràcia. Horari: 13-16 i 20-24. No tanca.
Estàndard: Alt.

Exclusiu, refinat i car, tres adjectius per a definir aquest petit restaurant que molts consideren com el millor xinès de Barcelona. Una entrada més aviat vulgar camufla la singular *qualité* del lloc la qual, combinada amb els preus de quatre xifres de la carta exposada al carrer, serveix de barrera per als no iniciats. L'interior presenta una decoració en blanc i negre que tanmateix no abandona del tot els símbols tradicionals com ara llums i dragons; sòbria finalment, poc pretensiosa i força acollidora. El lloc és familiar: en realitat, tot plegat és l'aposta d'un matrimoni, el cantonès Kwok To Sing als fogons i la catalana Mari Carmen al menjador, els quals han entès la cuina com un art, mirant de donar total prioritat a la qualitat –temps, atenció i paciència– davant de les urgències de la quantitat. Pocs serveis però excel·lents. D'aquesta manera s'expliquen els preus.

La carta, curta, recull plats exclusivament cantonesos. Per començar, són famosos els Wan-Tan (mena de petites empanades), tant en la versió fregida com al vapor. Entre les sopes, totes les de peix, preferiblement. Com a originalitat, l'enciam fregit. De plat principal, són molt recomanables els llagostins, fets a l'estil Canton (amb verdures variades) o els anomenats Picants, pels amants del bitxo. Entre les carns, no podem passar per alt l'ànec, en les versions Canton o Swan, especialitat de la casa. Si preferiu la vedella, un plat molt exitós és la Tao. Els carnívors amants dels tastets tenen també una barreja de carns anomenada Swan Familiar. Però tots els plats són bons. I podeu deixar-vos aconsellar.

LA GRAN MURALLA

1: Lluís Pellicer 17 (Londres-Casanova) 08036;
T. 230 67 13. Metro: Hospital Clínic.
2: Casanova 262 (Diagonal) 08021; T. 209 77 45.
Metro: Hospital Clínic.
3: Marià Cubí 92 (Muntaner) 08006; T. 209 93 79.
FFCC: Muntaner.
Horari: 13'30-16 i 20'30-24. No tanquen.
Estàndard: Mitjà.

Dels primeríssims setantes, La Gran Muralla 1 sembla ser admès com el més antic dels actuals restaurants xinesos de Barcelona; els seus propietaris, el matrimoni Chuang –cantonès i espanyola– obriria posteriorment els altres dos establiments. Avui en dia, cada un dels tres està regentat per un dels fills, respectivament Federico, Maria i José, i la carta que proposen és la mateixa. Són locals d'ambientació clàssica la cuina dels quals ha mantingut fins al present una trajectòria prestigiosa, avalada per diversos premis recents.

Carta de cuina exclusivament cantonesa. Destaquem com a entrant la Verdura Especial, selecció de bròquil, col xinesa i fideu xinès resolt al dente amb salsa d'ostres. Com a segon l'Ànec Lacat o, si preferiu peix, els Llagostins al Vapor amb salsa de soia. Aquells a qui agradi el picant, poden intentar un Sian Niu Yuo, vedella amb gingebre i ceba tendra. Segurament, la proposta més original d'aquests restaurants és la Fondue Gran Muralla, en què s'ofereix un brou de pollastre i verdures per a remullar tot una selecció de requisits: llagostins, calamarsos, peix, vedella, pollastre, porc, ous, bambú, xampinyons, etc. Podeu regar l'àpat amb una original cervesa xinesa, i rematar-lo amb un flam de la casa o bé de mango, que ens ofereixen com a especialitats.

TA TUNG

1: Verge de la Salut 75 (Escorial) 08024. T.210 08 41.
Metro: Alfons X.
2: Madrazo 54-56 (Aribau) 08006. T.200 99 86.
FFCC: Sant Gervasi.
3: Marià Cubí 85 (Aribau) 08006. T. 201 00 95.
FFCC: Gràcia.
4: Puerto Príncipe 6 (Pl. Maragall) 08027. T. 340 01 62;
Metro: Congrés.
Horari: 13-16 i 20'30-24. No tanquen.
Estàndard: Mitjà-Alt.

Els germans Kourng i Kav, xinesos cambodjans, i el marit de la darrera, el cantonès Hung, són la gent del Ta Tung (que vol dir Gran Conjunt Harmoniós), la qual ha sabut dotar els seus establiments d'una personalitat i una gràcia que els ha reportat una bona fama en el sector i una fidel clientela. Les seves decoracions barroquíssimes de fusta autèntica, primeres d'aquest tipus a la ciutat, inspirades en la Ciutat Prohibida de Pequín, els confereixen un ambient sumptuós que aconsegueix de resultar peculiarment agradable. Remarqueu en el de Verge de la Salut el magnífic aquari d'aigua salada que domina l'entrada.

En l'apartat gastronòmic, la seva carta (en català, castellà, francès, anglès) disposa de propostes molt originals: remarquem per damunt de tot l'apartat d'especialitats vietnamites i cambodjanes, únic a la ciutat: podeu tastar el clàssic rotlle vietnamita per a començar, embolicat en pasta d'arròs i dipositat en una fulla d'enciam amb menta; de segon se'ns recomana de traslladar-nos a Cambodja per a assaborir un pollastre Citronel (una herba local) o una vedella Citronel, especialitats marinades i resoltes la primera al forn i la segona a la brasa, presentades amb un acompanyament de verdura i salsa a part. Destaquem també l'apartat de Dim-Sum (típiques tapes cantoneses) que aquí apareix sota el nom d'Empanadillas: en realitat no són altra cosa que una mena de ravioli (després de tot, els xinesos en són els inventors), d'entre els quals es recomanen el tradicional Uva The, que és l'original fregit, el Suei Chiou (al vapor) i el Ha Kao (amb llagostins). Finalment, esmentem algunes de les especialitats més reeixides entre el que ja és més habitual en el sector: per una banda, l'Ànec Lacat i l'Ànec Peking, i per l'altra les quatre especialitats Ta Tung (vedella, llagosta, pollastre, marisc), marinades amb espècies xineses i servides a taula amb la planxa de ferro calenta.

MANDARIN

Diagonal 515 (Avda. Sarrià) 08029; T. 439 83 82-419 70 78.
Metro: Hospital Clínic. Horari: 13-16 i 20-24. No tanca.
Estàndard: Mitjà. Menú: 1.200 pts.

Establert l'any 74, aquest és un altre dels clàssics de la ciutat, dipositat ja en mans d'una segona generació que porta els noms de Miquel i Robert Chan, el primer d'ells conegut per la seva col·laboració en el programa de TV3 «El joc del segle». Per la seva condició de pont entre dues cultures, els germans Chan esdevenen uns excel·lents guies en el camp d'una gastronomia complexa i de la que finalment i malgrat tot en posseïm uns coneixements tan escassos.

La carta que ens presenten, també en català, reuneix plats de diverses regions: les més rellevants són, com sempre, Pequín i Canton, però com a agradable sorpresa aquí descobrim també algunes propostes de Sixuan, que és un tipus de cuina que, per ser fonamentalment picant, no s'estila gaire a la nostra ciutat: les més recomanables d'entre elles són el Sate de Vedella i el Pollastre Kun Po, elaborat amb una salsa d'espècies i fruits secs. Ja fora d'aquesta regió podem aconsellar, com a entrants, uns delicadíssims Rotllets de l'Àvia, francament allunyats dels habituals Rotllets de Primavera, també unes reeixides Empanadilles Xineses al Vapor o els anomenats Fideus Meravellosos, que són la seva versió dels clàssics Chow Mien i de la que se'n senten molt orgullosos; si voleu menjar un plat de verdures, podeu demanar la Col amb Bolets xinesos; entre les carns, i al marge de les ja esmentades de Sixuan, les seves especialitats s'inclinen cap a l'ànec: la versió pequinesa amb les crepes o bé un excel·lent i cruixent animalet rostit anomenat Ànec Mandarín.

Pel caràcter dinàmic i inquiet d'aquest restaurant, sovint s'amaguen a la cuina propostes noves que no apareixen a la carta. Els rotllets de l'àvia esmentats, per exemple, no hi consten. Pregunteu abans de demanar i si convé deixeu-vos orientar.

KOWLOON

Aribau 115 (Provença) 08036; T. 453 17 53.
Metro: Diagonal. Horari: 13-16 i 20'30-24. No tanca.
Estàndard: Mitjà-Alt. Menús: 950 i 1.495 pts.

Nou dracs és el significat de Kowloon, nom d'aquest restaurant de l'Eixample, que la seva ja llarga trajectòria d'una quinzena d'anys entre nosaltres ha situat com a una de les possibilitats sòlides i ben conegudes entre els de la franja alta del sector. Una gran sala amb dos nivells, amb capacitat per a un centenar llarg de persones, decorada en estil clàssic i amb les seves fotografies de clients famosos a la part posterior. Regentat per la família Lam de Hong Kong.

La carta està basada en cuina cantonesa amb algunes aportacions pequineses. Són molt interessants les combinacions que ofereixen sota l'epígraf de menús, una diversitat de propostes per sortir-se'n del més corrent i compartir un bon assortit, i equilibrat, de plats: preparats, amb preus diversos però molt assequibles, per a grups de 2 a 10 persones. Les especialitats de la casa estan clarament assenyalades a la carta en vermell. D'entre elles podem destacar els tradicionals ànecs, pequinès i cantonès (aquest acompanyat amb melmelada de prunes) i el Fo Wo, Fondue Xinesa que consisteix en un brou amb fideus en el que podreu coure peix, llagostins, calamarsos, vedella, pollastre i verdures. També compten com a especialitat els peixos, llagostins i crancs al vapor. Esmentem també el Dim Sum, inclòs a molts dels menús però també com a plat individual que consta de tres elements: Ha Ka (pasta de wan-tan farcida de carn de llagostí), Siu Mai (el mateix però amb carn de porc) i el Cha Siu Pau (pa xinès amb carn), tot plegat al vapor.

RIO AZUL

Balmes 92 (Mallorca) 08008; T. 215 93 33.
Metro: Diagonal. Horari: 12-16 i 20-24. No tanca.
Estàndard: Mitjà-Alt. Menús: 950 i 1.450 pts.

El Río Azul és una proposta del Sr. Lam del Kowloon en companyia d'altres socis com el Sr. Killy, també natural de Hong Kong i igualment bregat en el ram a la nostra ciutat, un intent de aportar una cosa diferent i original al sector: inspirat en establiments de les Chinatowns de Londres o de París, el que primer es fa notori és el ventall de carns vermelloses ordenadament exposades al públic, certament com als establiments d'aquelles ciutats europees, ànecs lacats i pequinesos, pollastres estofats i panys de costella rostits a l'espera que algun client s'enamori d'ells a primera vista i els faci rescatar de la vitrina. Un cop triada la peça, el cuiner sortirà engalanat a tallar-la en la seva presència. Perquè aquesta és una altra de les característiques del Río Azul, una certa sumptuositat ornamental i luxe de servei: el local consisteix en dues sales espaioses com poques se'n troben i ateses per un pomell de cambreres orientals pulcrament uniformades de xineses.

La carta recull propostes de cuina bàsicament cantonesa. Detectem una secció especialment àmplia i interessant de marisc, entre els que recomanem molt especialment els plats de llagostins (els arrebossats són excel·lents); els de llagosta estan posats a molt bon preu. Com a pasta, són aconsellables els fideus d'arròs fregits i, en les carns, el més adequat seria de remetre's a la diversitat d'ànecs (pequinès, cantonès, a la barbacoa, a la soia, amb pinya, etc.) o, si voleu una cosa més original, podeu demanar unes costelles de bou a l'estil de Mongòlia (agre i picant). Com a entrant singular, disposen de Gelea de Mar amb oli de Sèsam i, pels més carnívors, també com a entrant, el Gran Surtido Río Azul, un assortit de carns. Els dolços també són molt aconseguits. També preparen Dim-Sum, les tapes xineses: pregunteu al respecte.

Per quan conclogueu la vostra història d'amor amb l'ànec, a la sala del fons hi tenen instal·lat un Karaoke amb tots els luxes, amb disponibilitat de peces en castellà, anglès, xinès i japonès. Si heu estat comensals no heu de pagar res, però si només hi aneu a fer una copa hi ha una tarifa extra.

Començarem per Gràcia, on com era d'esperar hi hem localitzat algunes propostes interessants. En primer lloc el Mar de China (Hipólito Lázaro 34, T. 213 24 65), dirigit per un tàndem format per Albert Febrer i el senyor Zhang, un català i un xinès de Shangai, singular perquè l'Albert és un home que ha viscut la cuina xinesa des de l'any 75, la qual cosa el situa com a bon pont coneixedor de les dues bandes, la del producte que ofereix i la dels gustos de la clientela; entre les seves especialitats es compten un excel·lent Pollastre a la Llimona, el Volcà de Vedella, les Gambes Kang Tzao, amb una salsa a base de marisc i, pels amants del picant, un Pa Pao especial picant, amb vedella, fruits secs, blat de moro i bambú. En el carrer Gran de Gràcia tenim dues adreces, recomanades amb entusiasme per bons amics: la Isabel Alier i l'Albert ens insisteixen en què El Jardín (Gran de Gràcia 13, T. 415 96 22), és un xinès excel·lent, amb un nivell de qualitat inusual dintre de la seva franja, que són molt amables i que només cal mirar l'èxit popular de que gaudeix, mentre que per la seva banda en Miquel Portillo se'ns ha fet addicte d'un establiment de la darrera onada anomenat China Ming (Gran de Gràcia 115, T. 237 08 84) d'aquests de grans espais i decoració fastuosa, en el que per pocs diners serveixen enormes racions de qualitat raonable. A pocs metres d'aquest darrer, l'amic Albert Padrol de la Llibreria Altaïr –i se li ha de fer cas perquè és un viatger expert– ens revela una bona opció per finals de mes, ja que destaca per una barator digna de ser ressenyada: és el Restaurant Li Du (Montseny 8, T. 238 29 09). Finalment, prop de la zona de Gala Placídia, el Sr. Li, que és un dels xinesos més antics a la ciutat i restaurador jubilat, ens recomana el Río Yangtzé (Doctor Rizal 3, T. 217 63 88).

Baixem cap a l'Eixample. El mateix senyor Li ens recomana el Bo On (Diputació 359, cantonada Passeig de Sant Joan, T. 246 58 97) i encara el Zhao Yang (Còrsega 391, T. 459 29 62), propietat d'una família de Hong Kong i singular perquè a última hora del vespre, algunes nits, s'ajunten a menjar xinesos de restaurants, i això és ben bon senyal. Diu la senyora Karman, directora del restaurant, que l'Ànec Guisat gaudeix de molt d'èxit entre ells. També podeu aconseguir-hi el tradicional Dim Sum i el postre anomenat Mooncake, fet a partir de llavor de lotus i molt clàssic a les festes xineses; cap d'aquests dos darrers consta a la carta, així que s'han d'aconseguir per encàrrec. Una mica més avall, obre les seves portes La Montaña de Oro (Provença 357, entre Roger de Flor i Pg. Sant Joan, T. 457 97 77) establiment atès per dues simpàtiques noies xineses de la segona generació que serveix una qualitat ben raonable, com els nostres amics Vicenç i Rosa, ben assidus des de fa anys, no dubten a garantir. No gaire lluny d'aquest cal esmentar el Restaurante Gerona (Girona 127, T. 257 34 99– 257 35 54), un exitós establiment que fa poc va complir els vint anys d'existència; aquest restaurant presenta un aspecte exterior inusual, sense la típica iconografia xinesa, de restaurant nacional corrent. Per acabar, ens n'anem a l'altra banda de l'Eixample, on la Montse i la Pilar ens recomanen amb entusiasme un dels seus favorits pel break del dinar, el Restaurante Oriental Galàxia (Provença 240, a l'alçada d'Enric Granados, T. 323 42 08), restaurant dirigit per una parella filipina, Perla i Juan Miguel, que ofereix la particularitat d'un grapat de plats coreans i filipins: és paricularment notable la seva sopa Champong, especialitat coreana saborosa i consistent elaborada a base de porc, marisc i verdures; entre els plats filipins es compta el tradicional Adobo (que no consta a la carta) i el Pincho Arco Iris, també carn adobada amb salsa de soia.

Si baixem cap al centre històric, podem trobar-ne dos dels més antics: La Pagoda (Call 17, T. 318 14 90), i el Gran Chino (Banys Nous 8, T. 317 79 76), ja ben coneguts pels aficionats; en aquest darrer, un dels plats singulars i reeixits de tota la vida és el Pollo en Papel, pollastre amb ceba embolicat en paper de plata i cuit al forn.

A la zona alta, concretament a Sant Gervasi, cal esmentar el Chiu San (Saragossa 25, T. 237 71 79) i el Nan San I (Ríos Rosas 34, T. 212 25 61), portat aquest darrer, molt popular a la zona, per una jove generació integrada i dinàmica, segons que ens diu l'Elizabeth Li; el restaurant Canton (Laforja 23, T. 415 07 83) també és tot una garantia, una gent ja antiga en el sector que estem en condicions de recomanar; i, finalment, el Shanghai (Obispo Sivilla 48, T. 211 87 91), que és el favorit del Quim Ortilles i la seva dona Lola per la qualitat de la seva cuina de mercat, és a dir, amb ingredients frescos (aquest aspecte s'ha de valorar molt en el sector xinès); en realitat aquest restaurant, portat per la mateixa família que el Mandarin, se'n va del concepte de restaurant de barri, així que heu de calcular uns costos més elevats; d'entre les seves especialitats, el Quim i la Lola adoren l'Olla al Carbó (mena de carn d'olla xinesa) i el clàssic Dim Sum.

La mateixa parella de l'anterior ens descobreix un restaurant al Paral·lel, un de tipus ordinari anomenat Kiang Chie (Avda. Paral·lel 111, a l'alçada de Parlament, T. 329 10 49) ressenyable per una especialitat anomenada Ànec Princesa, a encarregar amb 24 hores d'anticipació, que consisteix en un autèntic model de com aconseguir un àpat variat a base d'un únic palmípede: com a introducció una truiteta, amb ous d'ànec, és clar, seguida pel plat principal, que consisteix en la carn del difunt cuinada amb verdures; la crosta cruixent, tal i com és tradicional, se serveix apart en un tercer plat i, per acabar i per si no n'hi havia prou, es corona l'àpat amb una sopa final elaborada amb tots els ossos i despulles que havien quedat de l'infortunat animal.

A Les Corts se'ns recomana el Yao Yuan (Fígols 34, T. 339 72 14) i, ja a la frontera, un altre Nan San, el número 2 (Avda. Sarrià 60, gairebé amb Diagonal, T. 430 62 01), portat per una gent de Hong Kong els quals, segons ens han assegurat, són uns bons especialistes en ànecs. Prop de la Plaça Maragall, el Río Dragón (Garrotxa 18, T. 347 93 89) és un restaurant que ofereix unes racions considerables i regentat per un home molt simpàtic, practicant de sumo i amant dels acudits i de proposar jocs de cartes –de màgia!– als clients; cap a la mateixa banda de la ciutat, una mica més enllà, al barri del Congrés, també se'ns ha donat una bona adreça: Restaurant Wu Suan, Escòcia 62 (tocant a P. Garrigó) i T. 217 74 06.

Per acabar aquest capítol, oferim unes referències per si voleu demanar menjar xinès a domicili: Pekin Express, 450 10 01 si sou al Guinardó, Clot, Congrés, Sagrada Família i dreta de l'Eixample i Gràcia, i 434 05 05 si sou a Sarrià, Les Corts, Sant Gervasi i part esquerra de l'Eixample i Gràcia; el segon és Pa jou, que té un únic telèfon: 323 45 09; i el ja esmentat restaurant Pagoda, T. 318 14 90.

RESTAURANTS JAPONESOS

INTRODUCCIÓ

Peix cru, i només de pensar-ho molta gent arrufa el nas, jo d'això no en menjo. I és ben cert que, encara que la cuina japonesa disposi d'altres opcions menys radicals i més properes als nostres gustos, el peix cru segueix sent la proposta reina, resum i emblema de tota una sofisticadíssima filosofia, no ja solament de la cuina, sinó de la vida en general. De la mateixa manera que la proposició final del Zen per a aconseguir la il·luminació, més enllà de tota mena de consideracions morals i disquisicions intel·lectuals, consisteix a seure en la posició del lotus mirant una paret blanca, l'aparent senzillesa del Sushi és alhora coronació i essència d'una elaborada tradició mil·lenària. De manera il·lustrativa, diguem que els cuiners només arriben a ser considerats aptes per a elaborar aquest plat després d'un procés d'anys, que s'inicia pelant cebes i prossegueix, successivament, amb vapors, fregits, estofats, etc. Aquest és l'art de la difícil senzillesa, la recerca de l'harmonia, esperit que es manifesta en totes les tradicions i expressions d'aquell país, en les seves estètiques cuidadíssimes, en la seva permanent i precisa cerimoniositat.

Habitants d'un arxipèlag insuficient, els japonesos han hagut d'espavilar sempre l'enginy per tal d'acumular els recursos necessaris per a sobreviure; per una altra banda, el seu sentiment històric de ser amenaçats per poders exteriors els ha portat a forjar un fort i cohesionat nacionalisme: el japonès és una persona conscient de la seva pertinença a una col·lectivitat ben singular i diferenciada. Laboriositat, paciència i disciplina han estat les armes principals d'aquest po-

ble per tirar endavant, un poble que no desaprofita ni un gram d'energia en imprevistos, perquè tot està perfectament calculat en un complex organigrama social en què hi ha un lloc per cada persona i una norma per cada acció. Les necessitats individuals i els hedonismes tous queden relegats a un segon pla per tal que l'engranatge funcioni. I avui en dia, per més que el país hagi adoptat algunes maneres occidentals de vida i que dir japonès sigui en bona part sinònim de poderoses multinacionals, índexs Nikei, executius eficients i milions de turistes per tot arreu, per més que hagi esdevingut protagonista decisiu en els afers del món, el Japó segueix mantenint el seu caràcter tradicional, tan singular, tancat i enigmàtic com sempre: potser més encara, perquè aquesta proximitat formal amb el nostre món no fa, en definitiva, més que subratllar les profundes diferències entre els seus camins i els nostres.

Aquesta singularitat queda, com és natural, visible en la seva gastronomia. El peix i les verdures en són les seves matèries essencials, les quals són tractades de diverses maneres: arrebossats, fregits, brasa, vapor, sopes, cassolades i les ja esmentades especialitats crues. La carn, porc i vedella, vindria molt després, al segle XIX, i avui en dia ja ocupa una part important de la dieta. Com a base, igual que a tots els altres països de l'Orient, arròs i fideus. Les salses i condiments més habituals són la salsa de soia (més suau que la xinesa), el Sake (vi d'arròs, beguda nacional), el Mirin (vi d'arròs dolç), el Dashi (brou bàsic de bonítol sec i algues que s'usa molt en sopes i salses), el Sandho (pebre aromàtic), el Tofu (recuit de soia), el Miso (pasta de soia fermentada) i el Su (vinagre d'arròs), el Wasabi (mena de mostassa) i el Shichimi (una mescla de 7 espècies). I per beure, el més tradicional és l'esmentat sake, però cal destacar també un gran consum de whisky i de cervesa, productes que ells mateixos elaboren.

En el Japó, la gran majoria de restaurants estan molt especialitzats, sovint en un únic plat o potser dos, la qual cosa tampoc no resulta sorprenent tractant-se d'un país tan ben estructurat: així, hi ha restaurants de sopes de fideus, de peix cru, de barbacoa, de planxa, etc. L'oferta que trobem entre nosaltres –catorze restaurants, dels quals un no ha volgut aparèixer en aquesta guia, cas únic i insòlit, i que per respecte no revelem quin és– la podem dividir en dos grups: els que podríem anomenar clàssics, la carta dels quals ofereix totes, o la majoria, de les variants tradicionals, i els que s'han especialitzat, més a la japonesa, en una o dues d'aquestes variants. Els primers, que agrupem principalment a la primera part de la secció, solen respondre a la idea típica de restaurant japonès, amb les seves ambientacions característiques, els seus tatamis, la seva cerimoniositat i els seus preus elevats; els segons solen ser més petits i informals, i entre ells en trobareu d'especialitzats en planxa, barbacoa o sopes de fideus. Una característica clau que diferencia el col·lectiu japonès de la resta dels que apareixen en aquesta guia és el fet d'estar format per una classe directiva amb grans sous, i que molts dels restaurants han estat establerts per a cobrir les seves pròpies necessitats –més de la meitat de la clientela global és japonesa–, mentre que tots els altres casos sorgeixen de comunitats d'immigrants clàssiques, provinents de països menys desenvolupats que el nostre, que bàsicament orienten les seves propostes a la gent de Barcelona.

A continuació oferim uns breus comentaris sobre els plats i conceptes més clàssics i habituals en les cartes japoneses:

Sushi: Tallades fines i petites de peix cru damunt de piletes d'arròs avinagrat i amb wasabi. El nom més conegut i típic de la cuina japonesa.

Sashimi: Les mateixes tallades de peix cru però sense l'arròs. La salsa, de rave picant aromatitzada amb salsa de soia, va apart. Aquest plat, com l'anterior, són el paradigma de l'honestedat, ja que es presenten despullats sense cap mena de disfressa; per tant, només aptes per materials impecables.

Tempura: Freginat cruixent de peixos i verdures arrebossats; invent introduït pels portuguesos –no és segur, però es creu que el nom també ho és– en el segle XVI.

Unagi: Anguila a la barbacoa, plat exquisit molt apreciat al Japó. Diuen que és revitalitzant i que té propietats afrodisíaques.

Teppanyakki: Carns, broixetes i verdures cuites a la planxa.

Yakitori: Broixetes de pollastre fets a la barbacoa i assaonats amb una salsa de soia dolça o simplement amb sal.

Sukiyaki: Aquest és un plat de cassola que s'elabora a la mateixa taula; els japonesos s'ho fan ells mateixos, però els restaurants d'aquí ofereixen un cambrer. Porten una olla amb un brou, mirin, sucre i salsa de soia; apart, en una safata, Vedella, Tofu, Fideus i Verdures que seran cuites al brou i passades, abans de ser ingerides, per un ou cru batut.

Shabu-shabu: semblant a l'anterior, vedella i verdures marinades a coure en un brou, complementat per salses de vinagreta i de sèsam.

Tonkatsu: Costelles de porc fregides.

Yakiniku: Barbacoa d'origen coreà. Petites graelles disposades a la taula en les que el mateix client cuina les carns crues, que poden ser marinades o no.

Soba: Fideus d'un cereal peculiar, anomenat blat sarraí, servits en un brou de pollastre o porc amb verdures.

Udon: Fideus de blat.

Lamen (o Ramen): Fideus xinesos.

Recordeu que una part important dels àpats japonesos és l'estètica en l'ambientació, en la vaixella i en la presentació dels plats, probablement inspiradora de la «nouvelle cuisine», així com els diversos cerimonials que envolten l'àpat. El concepte japonès del menjar comprèn tots aquests aspectes conjuntament amb els estrictament alimentaris, i no es pot destriar una part de l'altra. Tot plegat és un món apart, amb el qual és difícil de connectar en primera instància, però que després aconsegueix d'apassionar i «viciar» molta gent. És el caràcter del Japó.

TOKYO

Comtal 20 08002; T. 317 61 80. Metro: Urquinaona.
Horari: 13,30-16 i 20-23'30. Tancat: Diumenges i festius.
Estàndard: Mitjà-alt.

El més antic de la ciutat, establert l'any 1978 pel japonès Minoru i la catalana Justa, matrimoni que encara es manté al seu càrrec. La seva entrada enfonsada fa que sigui poc evident des del carrer; un cop localitzat ja descobrim una porta de fusta, d'estil típic japonès, que dona entrada a un local senzill, capaç per a unes quaranta persones incloent-hi la mitja dotzena de places a la barra de Sushi.

Parlar del Tokyo a Barcelona és parlar de Suchi i Sashimi, especialitat que li ha donat reputació en el sector i motiu de visita de la pràctica totalitat de la clientela. De Sushi n'ofereixen mitja dotzena de variants: les dues primeres, Tokyo Sushi i Sushi, són dues seleccions de 9 i 6 peces respectivament: la primera, a més de la superior quantitat, acull els materials més cars, per la qual cosa, naturalment, el seu preu és superior. Varien segons el dia les espècies de peix ofertes, essent els més usats la tonyina, el calamar, l'anguila, les cloïsses japoneses, el salmó i algun peix blanc, que sol ser daurada o besuc. Els quatre Sushis restants del menú són diverses combinacions d'arròs, tonyina i/o algues. Respecte del Sashimi, les dues primeres propostes són dues seleccions de peixos que es corresponen en les descrites pel Sushi: és a dir, una de més abundant i més cara i una altra de més senzilla; aquest apartat ve completat per dos plats de tonyina, diferents espècies de tonyina que varien segons la temporada, així que cal assessorar-se en el moment. Per precedir i complementar el plat principal, el Tokyo disposa d'una primera pàgina de suggerents entrants, d'entre els quals destaquen el Mategai No Shogajiruyaki (Navalles en salsa japonesa), el clàssic Yakitori o, si sou agosarats –això només ho solen tolerar els japonesos, i amb molt d'entusiasme per cert– les variants de Natto (mongetes fermentades); de vegades tenen una originalitat: Kurage No Sunomono, medusa en vinagre. Al final, podeu demanar una de les quatre típiques sopes per acabar de fer passar el menjar. I si algun dels comensals no tolera el peix cru, també hi ha uns petits apartats de Sukiyaki, Tempura i Peixos rostits i en salsa.

YAMADORI

Aribau 68 (València) 08011; T. 453 92 64-451 36 55.
Metro: Diagonal. Horari: 13-15'30 i 20'30-23'30.
Tancat: Diumenges i festius. Estàndard: Mitjà-alt.

Yamadori, l'«ocell de la muntanya» (recordeu Fujiyama), és probablement encara el restaurant japonès més conegut de la ciutat, punt de referència entre els establiments del sector. A mitjans dels setanta, un matrimoni japonès resident a la nostra ciutat va obrir un pub-whiskeria anomenat Suntory –nom d'un whisky japonès, el més venut del món, ...i és que els ciutadans d'aquell país són terriblement afeccionats a aquesta beguda!– que a partir de l'any 78 es reconvertiria en l'actual restaurant. Durant una bona colla d'anys, el Yamadori iniciaria molta gent en el camí, tan complicat i llunyà per a nosaltres, de la gastronomia japonesa. En els últims anys, la seva condició d'originalitat s'ha dissolt, com és natural, entre el grapat de noves propostes aparegudes, però tanmateix segueix sent una excel·lent opció de restaurant clàssic d'estàndard mitjà, amb la seva ambientació tradicional, la varietat de possibilitats típiques de la seva carta i, naturalment, la garantia de l'experiència exitosa al llarg de tots aquests anys.

Per a aprofitar aquesta experiència iniciadora li demanem a en José, l'encarregat de tota la vida, que ens suggereixi un menú equilibrat per a quatre principiants. José ens recomana un combinat de plats diferents a compartir, de manera que els comensals puguin tastar el màxim nombre possible de sabors. Aquestes són les suggerències: de primer, una Kani Salada (Amanida de cranc amb una salsa especial), 2 racions de Yakitori (dues broixetes de pollastre per ració), un Gyufilete Tataki (de carn freda, molt poc feta, cobert amb salsa de soia i ceba ratllada) i un Iwashi No Furai (seitons arrebossats); de segon l'inevitable Sashimi (el Goten Mori, per exemple, que porta cinc varietats), un Tempura, un Yakimeshi (arròs fregit amb mariscs) i una especialitat de Teppanyaki, per exemple un filet a la planxa servit amb salsa de soia i vinagre. Cervesa japonesa, sake i te, és clar.

YASHIMA

Josep Tarradellas 145 (Francesc Macià) 08029; T. 419 06 97.
Metro: Hospital Clínic. Horari: 13-15'30 i 20'30-23'30.
Tancat: Diumenges. Estàndard: Alt. Menús: des de 1.500 pts.

L'èxit del Yamadori condueix els seus propietaris, al cap dels anys, a l'apertura d'aquesta nova proposta, amb uns paràmetres diferents: establert el 1989, el Yashima –antic nom del Japó, que significa 7 illes– es presenta com una opció d'estàndard alt amb totes les cerimònies, detalls i refinaments corresponents i uns preus en consonància. Disposen d'un local enorme subdividit en diverses seccions: en entrar, les recepcionistes o el mateix maître orientaran els clients sobre les diferents opcions: sala de Teppanyakki (dues taules de sis persones amb el seu cuiner a cada una, al peu de la planxa), Yashikis (reservats amb tatami), restaurant «normal» amb taules i cadires per a 60 persones, o una gran sala per a grups amb Karaoke inclòs. Totes elles delicadament decorades a la japonesa.

En el terreny gastronòmic, destaquem en primer lloc les interessants opcions de menús preparats que se'ns ofereixen: dos de Teppanyakki (un de peix i un de carn i peix) i, en el restaurant, 6 possibilitats al migdia que queden reduïdes a dues, les més cares, al vespre. Aquests menús oscil·len entre les 1.500 i les 7.000 pessetes, i consten d'un plat principal i els seus complements d'aperitius, verdures, arròs i sopa. Però el que més ens interessa d'aquest restaurant, més freqüentat per japonesos que per nacionals (60 i 40 % respectivament) són les seves opcions més singulars: entre el peix cru, sobretot la Llagosta Viva; si ho preferiu cuinat, en canvi, el Cap de Daurada en Salsa, totes dues propostes refinaments apreciadíssims al Japó. Esmentem també com a peculiars especialitats les Angules amb Calamars en Salsa o el Sakana No Karaaga, que és un llenguado elaborat de manera peculiar i que es pot menjar amb espina i tot. Com a entrants, se'ns recomana el Maguro Tartar (de tonyina) i el Filet No Tatak (de bou poc fet i fred, servit amb salsa apart). Al marge d'això, naturalment, teniu també totes les propostes clàssiques.

YU

València 204 (Aribau) 08011; T. 451 94 46. Metro: Diagonal.
Horari: 14-16 i 20-24. No tanca. Estàndard: Mitjà. Menú: 1.200 pts.

Tercera i última proposta de la gent del Yamadori i el Yashima, el Yu és la representació de la seva vena més informal. El nom, que significa «diversió», i la presència ben subratllada d'un Karaoke, ja ho diu tot. Aquest restaurant, que està a pocs metres del Yamadori, va ser establert el setembre de l'any 91. El local, de disseny, amb la pedra com a material principal, està dividit en dues parts diferenciades: la sala de Karaoke, situada al fons, de consumició obligatòria (1.300 pessetes, 1.000 si heu menjat) i el restaurant pròpiament dit, una estructura allargada on unes 25 persones poden seure al llarg de dues barres. Darrera de la més llarga d'aquestes operen els cuiners, capitanejats per un japonès. Tot plegat, una proposta original i divertida.

La carta és més aviat curta i heterogènia. Trobareu cinc plats forts, entre els que cal destacar com a molt exitós el Yakisoba, una especialitat a base de fideus saltejats amb llagostins, calamarsos i verdures; un altre d'aquests plats grossos és el clàssic Sushi. La resta de les propostes són racions menors que, a la manera de tapes, poden utilitzar-se per a complementar els esmentats plats principals o bé per a confegir un àpat de tastets: són recomanables les amanides (la de la casa i molt especialment la d'espinacs) excel·lents en gran part a causa de les salses «secretes» amb què són servides, les clàssiques broixetes de pollastre (Yakitori) i les empanadilles de pasta d'arròs farcides de carn i de verdures (Gyozu). Per a acabar i tirar-ho tot avall, també disposeu de la tradicional Sopa de Miso (Misoshiru).

KIYOKATA

Muntaner 231 (Diagonal) 08021; T. 200 51 26.
Metro i FFCC: Hospital Clínic i Muntaner. Horari: 13'30-16 i 20'30-24.
Tancat: Diumenges i dilluns migdia. Estàndard: Mitjà-alt.

Kiyokata és una de les maneres de llegir el Kanji, l'alfabet japonès, ens explica Juan, alma mater d'aquest restaurant, obert l'any 86, que regenta en companyia de la seva esposa japonesa Novoe. Aterrat en el sector per casualitat, aquest malagueny ha esdevingut un apassionat de la seva feina, fins al punt que segueix dedicant unes setmanes l'any a reciclar-se i explorar noves possibilitats al Japó. Ens trobem doncs en mans d'un matrimoni culturalment mixte que ens serveix de pont idoni per a comprendre una mica millor els secrets d'aquesta gastronomia llunyana. El local està decorat a la manera tradicional japonesa, i queda repartit entre un menjador principal, per a unes quaranta persones, i uns reservats amb tatami (Yashikis).

La carta està clarament distribuïda i decididament protagonitzada pel peix, ja que només hi ha quatre plats de carn, tots de rellom. Hi teniu els següents apartats: Entrants, Sunomono (plats de vinagre), Sashimi, Sushi, Agemoto (fregits com ara la clàssica Tempura), Yakimono (a la brasa), Nizakena (peixos bullits), Steak, Nabemono (cuinats davant del client, com ara Sukiyaki) i Soba. Com a entrants, se'ns recomana el Zensai, assortit d'aperitius de peix i verdures, que pot variar segons el dia, o el subtil Fetge de Rap; com a plat principal, podeu demanar alguna variant de Sunomono, si us agrada el vinagre, o bé el Sashimi, que és una de les especialitats de què se senten més orgullosos; altres opcions exitoses són el clàssic Tempura i el més cerimoniós Yosenabe, ja que és cuinat a taula, consistent en una cassola de fang amb aigua i algues i una safata de peix i verdures que es va fent al moment. Per acabar, un gelat de te o un Sorbet de Umeshio (licor de pruna), més el sake o whisky japonès. Tot plegat, una excel·lent opció en la línia més clàssica.

MITSUKOSHI

Rbla. Catalunya 8 08007; T. 301 91 93. Metro: Catalunya.
Horari: 13-15'30 i 20-23. Tancat: Diumenges i festius.
Estàndard: Alt. Menús: des de 1.800.

Nota: Restaurant tancat en el moment d'imprimir-se la segona edició.

La poderosa cadena japonesa Mitsukoshi va decidir a finals del 91 d'obrir la seva proposta en el cor de la nostra ciutat: una proposta doble, ja que es compon d'una botiga per a turistes japonesos i del restaurant que ens ocupa. El local d'aquest restaurant, capaç per a unes 120 persones, està dividit en diverses sales: el menjador principal, un saló per a grups, els reservats i, finalment, una sala per al Teppanyakki. A l'entrada, el recepcionista us ho explicarà i orientarà segons el cas.

Aquest és un establiment d'estàndard alt, amb una carta àmplia que comprèn una gran varietat de plats de tots els estils. En aquest sentit, i de cara a evitar marejos, i molt especialment pels poc versats, resulten de gran ajut els diversos menús que se'ns proposen: en la branca Teppanyakki, per exemple, disposen de 7 combinacions ben estudiades, entre les 1.800 i les 8.000 pessetes, que inclouen un aperitiu variable, verdures, amanida, arròs, sopa, postre i cafè, més un plat principal que és el que bàsicament determina el preu. En la carta general també disposen de menús que oscil·len entre les 2.500 i les 7.000 pessetes, sempre compostos d'un plat principal (Sukiyaki, Sashimi, Tempura, etc.) i els seus acompanyaments. Com a especialitats, se'ns destaca la gran qualitat del seu Sushi: un amic nostre, apassionat d'aquest plat des de la seva estada al Japó, ens el descriu amb autèntica devoció, i sabem del cert que n'ha tastat molts! Per altra banda, qui vulgui apartar-se del més clàssic i prefereixi un menú fora del corrent pot demanar un Chawan Mushi (flam calent japonès no dolç) i de segon un Ishiyaki, variant japonesa de carn a la pedra.

KOKORO

Diagonal 661-671 (Hotel Rey Juan Carlos I) 08028; T. 334 41 01.
Metro: Zona Universitària. Horari: 13-15'30 i 20-23'30.
No tanca. Estàndard: Alt.

El Kokoro, que sinifica cor, té la particularitat d'estar insertat en un gran hotel de luxe, el Rey Juan Carlos I; sovint, a l'hora de triar, no recordem de comptar amb els serveis que els grans hotels tenen oberts al públic en general, i és una llàstima, ja que així deixem perdre un grapat de bones propostes juntament amb la possibilitat sempre interessant de penetrar un xic en les atmosferes peculiars d'aquests tipus d'establiments. El Juan Carlos I, en aquest cas, és el gran hotel de les Olimpiades, obert just a temps pel gran esdeveniment; conèixer el seu magnífic i espectacular vestíbul és un excel·lent motiu afegit per a visitar el restaurant japonès que aquí descrivim. Situat al primer pis, és una gran sala rectangular amb barra de Teppanyakki al centre, barra de Sushi en un extrem, 4 reservats amb tatami, més les taules i cadires, tot plegat decorat amb l'elegant sobrietat tradicional d'aquell país. Té capacitat per a unes 90 persones.

En el terreny gastronòmic, recull les variants més clàssiques de la cuina japonesa. Per facilitar l'elecció, disposa d'un parell de menús molt complets, al preu de 4.000 i 5.000 pessetes respectivament, i que comprenen el següent: Zenzai (aperitiu variat, que pot incloure Sushi o Sashimi), Yakitori o Amanida com a entrants, Agedashi Tofu o Tempura, Teppanyakki de peix o de carn, més els complements d'arròs i Misoshiru, i a més postres, te i vi inclòs. Unes combinacions per quedar ben satisfet. Al marge d'aquests plats més habituals, aquest restaurant ens ofereix algunes opcions més originals molt suggerents: com a entrant el Kaki Frai, Ostres Fregides, molt populars al Japó i, pels amants de l'amanida la variant anomenada Kokoro, a base de navalles, vieires, crudités amb el toc d'una salsa peculiar; de segon, el Sukiyaki n'és especialitat de la casa, així com el Tempura Soba (fideus amb tempura), Tataki (Steak Tartar de vedella a la japonesa) i també el clàssic Sashimi.

SEKITEI SANSAI

August Pi i Sunyer 7 (Dr. Ferran) 08034; T. 204 10 53.
Metro: Maria Cristina. Horari: 13'30-15'30 i 20-23. No tanca.
Estàndard: Alt. Menú: 1.450 pts.

Nota: Restaurant tancat en el moment d'imprimir-se la segona edició.

El 1991 les germanes Ishida obren aquest establiment a la zona alta de la ciutat, agradable espai de disseny amb elements japonesos apte per a 60 persones en dos nivells. El seu nom significa «jardí de pedra de tres colors».

Ens trobem amb una carta extensa i variada. Esmentem en primer lloc les 6 còmodes possibilitats de menús de degustació a preus que oscil·len entre les 2.850 i les 4.800 pessetes: llevat del primer, que és més senzill, els altres tots inclouen els següents apartats: Entremesos, Sashimi, plat principal a triar entre Shabu-Shabu, Sukiyaki o Yosenabe, Arròs o Udon i, com a postres, l'especialitat Amitshu, consistent en gelatina d'algues, macedònia de fruites i soia confitada.

Entre els plats més clàssics, tenen molt d'èxit els Tempura, el Sashimi, els de Nabemono (cassoles com ara Sukiyaki o Shabu-Shabu) o el Cap de Peix cuit. Si voleu alguna cosa més original, podeu demanar els Domburimono, dues possibilitats a base d'arròs: el primer amb llagostins i salsa i el segon amb porc, ou i salsa amb ceba i soia. Pels més agosarats, proposen l'Ika Natto, unes mongetes de soia fermentades amb calamarsos que fan les delícies dels japonesos.

DEN

Quintana 4 (Ferran) 08002; T. 302 49 69. Metro: Liceu.
Horari: 13'30-15'30 i 21-23. Tancat: Diumenges.
Estàndard: Mitjà. Menú: 950 pts.

Just en front de Can Culleretes, el Den (nom que significa hort, així que resulta ideal per a emportar-se'n-hi algú) és un petit i agradable restaurant especialitzat en Yakiniku o barbacoa japonesa. Kazuhiro Matsuo, responsable d'aquesta proposta endegada a principis del 91, és un autèntic exemple de japonès «barcelonitzat», resident entre nosaltres des de fa vint-i-cinc anys i perfecte coneixedor de la ciutat i la seva gent per la seva condició de guia. Un bon pont entre les dues cultures, per tant.

Molt en l'estil del seu país, en Hiro, que així és conegut Kazuhiro, decideix de centrar principalment la seva oferta en les carns a la barbacoa. Damunt de les taules hi ha disposades les petites graelles sobre les que els comensals mateixos van cuinant-se els diversos tipus de carns, presentades en un tall ben fi, que poden ser de classes diverses: filet de bou, costella de bou, fetge de vedella, llengua, porc, etc., i aquestes carns van ben acompanyades de verdures (xampinyons, pastanagues, pebrots, cebes,...) i les salses, és clar. Com a entrants (o si voleu com a acompanyament) teniu algunes amanides (amanida Den amb soia, enciam, cogombre, gambes i sèsam, o bé Kim Chi) i pinces de cranc; també hi ha tres possibilitats d'arrossos (destaquem el Babimpa, amb soia, espinacs i truita a la francesa). Tot plegat conforma un àpat molt social i divertit, i a uns preus molt raonables. I si algú prefereix un Sukiyaki, aquest també es compta entre les especialitats de la casa.

KOYUKI

Còrsega 242 (E. Granados) 08036; T. 237 84 90. Metro: Diagonal.
Horari: 13-15 i 20-23. Tancat: Dilluns. Estàndard: Moderat.

És un restaurant molt singular dintre del sector, ja que està enfocat en una línia més econòmica que els altres; en realitat, aquesta proposta del tokiota Kamo i la seva dona, la guadalajarenca Mari Luz, va fonamentalment dirigida, des de la seva fundació l'any 85, als ciutadans japonesos que treballen a la nostra ciutat i no tenen a la família que els cuini. Aquest aire de quotidianitat li confereix un caliu: és un local senzill per a unes 30 persones, amb tauló d'anuncis, diari japonès del dia (Asahi) i enormes piles de «mangas» (còmics típics japonesos com el que va donar origen a Bola de Drac) perquè la clientela s'entretingui, mentre endrapa, com si estigués al seu país.

Naturalment, el caràcter autèntic d'aquest lloc es tradueix en el menú, que presenta un grapat de propostes, insisteixen Kamo i Mari Luz, que rarament són acceptades pels comensals espanyols. Els demanem que ens preparin un menú estàndard per a japonesos i un altre per nacionals. Els primers solen començar amb un Yudoufu (cassola de brou amb verdures i Do Fu), segueixen amb Natto (Mongetes Fermentades), i com a plat principal un Yakisakama (Peix a la planxa), arròs i Misoshiru (Sopa de Miso). Els segons demanen una ració Gyoza (Empanadilles de carn i all), i de segon Sashimi si s'animen al típic peix cru o Tori No Tatsuta (boles de pollastre arrebossades en farina de blat de moro) si es queden enrera. Poden completar l'àpat amb arròs i Misoshiru. Els amants del picant poden aventurar-se a un Arròs amb Curry japonès. O a altres propostes com tot un apartat de Soba (fideus) o finalment les variables suggerències de cada dia, sempre dintre de l'esperit casolanament confortable d'aquest establiment. Un establiment, per cert, encapçalat per un nom de dona, un nom que vol dir neu blanca i bonica.

KEN

Benet i Mateu 53 (Manuel Girona) 08034; T. 203 20 44.
Metro i FFCC: Maria Cristina i Sarrià. Horari: 13'30-16 i 20'30-24.
No tanca. Estàndard: Mitjà. Menú: 1.200 pts.

Ken, que significa sabre (recordeu el Kendo!), obre les seves portes a finals del 91 a la zona alta de Barcelona. Zhang Lixiong, propietari xinès-japonès, disposa d'un local petit i polit, 16 places a les taules i 12 a les barres, centrat en l'especialitat del Teppanyakki.

Esmentem en primer lloc els tres menús de degustació que se'ns proposen (entre 3.000 i 3.800 pessetes), compostos d'amanida japonesa, Tempures, Carn o Marisc –això és el que bàsicament fa variar el preu) al Teppanyakki, és clar, i per acabar de complementar Gyoda (Empanades) arròs o fideus. Si preferiu la carta, és més aviat curta i fàcil de llegir: una dotzena d'entrants clàssics, com ara Amanida, Yakitori, Lamen, Gyoda, Misoshiru, Tempura, etc.) i una dotzena de plats forts al Teppanyakki: marisc, calamarsos, peix blanc, pollastre, rellom, entrecot,... i una possibilitat de verdures i arròs pels vegetarians. De postres, sorbet de sake o de te o bé el típic gelat de mongetes.

SHOGUN

Còrsega 382 (Bruc) 08037; T. 457 84 45. Metro: Verdaguer.
Horari: 13'30-15'30 i 20'30-23'30. Tancat: Dimarts.
Estàndard: Moderat. Menú: 1.350 pts.

El Shogun, rei de samurais (?), presenta un local allargat en el que s'alineen successivament tres barres de Teppanyakki, aptes per a dues dotzenes de persones. Aquest establiment, dirigit pel senyor Seino, va obrir a finals del 90.

Centrat en les especialitats de la planxa tradicional, el Shogun ens proposa 5 menús de degustació que oscil·len entre les 1.950 i les 5.500 pessetes: tots ells comprenen Entremesos, Sopa, un plat principal de carn o peix, Verdures i Arròs. Si, en canvi, preferiu acollir-vos a la carta, i busqueu alguna cosa de més original, podeu demanar el Gingami Yaki, guisat de marisc i verdures amb brou... fet a la planxa!...amb paper de plata; o el Okonomi Yaki a l'estil d'Hiroshima, consistent en una crepe sobre la que es disposen verdures o marisc o vedella, se li afegeix fideus i ou (com truita). Aquests plats, tal vegada compartits, poden actuar com a entrants o com a complements, ja que, com és natural, la part essencial de la carta està composta per les diferents possibilitats al Teppanyakki : carns, peixos, mariscs i verdures.

KIKU CHAN

Numància 133 (Travessera de les Corts) 08029;
T. 410 72 47-419 14 67. Metro: Les Corts. Horari: 13-16 i 20-24.
No tanca. Estàndard: Moderat.

Kiku Chan, traduït, vol dir «casa del bosc», però en realitat és el cognom del seu propietari, un còmic japonès que en el seu país ja posseeix més de trenta establiments i del que podeu contemplar-ne un retrat al menjador. Obert el desembre del 89, aquest establiment de tipus senzill està dirigit per en Julio.

En el terreny gastronòmic, està especialitzat en dues variants diferents: el Lamen (Sopes de Fideus) i el Yakiniku. De la primera, que és la més distintiva de l'establiment, n'ofereix onze variants, així que els amants del brou ja ho saben: carn, algues, soia, bambú i els essencials Soba, fideus artesanalment elaborats al mateix restaurant amb farina de blat. Aquest tipus de menjar és, en la línia econòmica, un dels més populars del Japó. La seva segona especialitat és la barbacoa japonesa, petites graelles damunt de les taules en les quals la clientela cuina la carn, el peix o les verdures segons el cas. A més d'aquestes dues grans especialitats, trobareu amanides, empanades o pollastre fregit a l'estil japonès consignats entre els entrants, i per a acompanyar algunes variants d'arròs.

RESTAURANTS COREANS

INTRODUCCIÓ

Corea ha estat sempre un pont entre la Xina i el Japó, una terra per on aquests dos imperis han transitat sovint –i no sempre amb intencions amistoses– al llarg de la història; aquests contactes fan que tots tres països comparteixin molts elements culturals. Malgrat tot, i encara que relativament poc conegut entre nosaltres, aquest país peninsular ha sabut mantenir una personalitat ben diferenciada. El resum de tot això, del caràcter propi més les influències xinesa i japonesa, queda reflectit en la seva gastronomia.

La cuina coreana, a causa de les dures condicions climàtiques del país, té tendència a ser consistent i picant. Els tres elements essencials són: l'all, el qual queda vinculat a l'origen del país per una llegenda que explica com un ós desitjós de convertir-se en ésser humà va decidir de retirar-se durant cent dies amb vint grans d'aquesta planta; aquesta original maniobra, per estrany que sembli, va ser efectiva, i el nostre protagonista va esdevenir una bella donzella, circumstància que va aprofitar un déu espavilat que passava per allà per a fer-li un fill, ni més ni menys que Tan' gun, el creador del país; el segon ingredient essencial és el bitxo; i el tercer el Kim Chi, adobs, dels quals el més comú és l'elaborat amb col xinesa, però del qual n'existeixen fins a 160 varietats i un gran entusiasme per part del poble al respecte, com ho demostra l'existència d'un Museu a Seul expressament dedicat a aquesta especialitat; certament, és difícil de concebre un àpat coreà sense la presència d'aquest element.

En la dieta d'aquell país, les sopes i els estofats són presència freqüent i característica. També l'arròs i els fideus, els quals actuen com a base d'un menjar que habitualment es presenta tot junt. Les verdures –entre les quals són habituals la col xinesa, els raves, els cogombres i les albergínies– i el peix –Corea té molts quilòmetres de costa– en són els protagonistes històrics; la carn vindria molt més tard, i entraria amb molta força: segons una font consultada, una enquesta del «Korean Times» hauria revelat que el Pul Goki –plat de vedella, esdevingut nacional– ocupava el segon lloc entre les preferències dels escolars coreans, després de la mare però abans del pare; existeixen unes especialitats que, com al nostre Empordà, combinen la carn i el peix. També és molt tradicional la cuina de vísceres i menuts.

Entre els mètodes de cocció, els més habituals són la brasa, els estofats i el saltejat, aquest darrer amb les verdures sobretot. Altres condiments molt usats, a més dels alls i bitxos, són la salsa de soia, vinagre, oli, llavors de sèsam i una varietat de pastes elaborades a partir de soia fermentada.

A la nostra ciutat tenim establerts quatre restaurants d'aquest tipus de cuina, tots d'un mateix nivell, moderat, oferint unes cartes que acullen les propostes més clàssiques. Aquestes són les imprescindibles:

Sopes diverses: són populars les de Tofu, Kim Chi, marisc i carn. Picants, ben condimentades amb soia, sèsam, all i ceba tendra.

Kim Chi: L'essencial és de col xinesa. Aquesta es marina durant unes hores, en salsa de ceba, raves, all, soia, bitxo, vinagre i gingebre.

Pul Goki: Carn de vedella trossejada i marinada en all, soia, gingebre i sèsam, feta a la barbacoa.

LEE

Sant Gabriel 2 (Travessera de Gràcia) 08012; T. 237 53 24.
Metro i FFCC: Diagonal, Gràcia. Horari: 12-16 i 20-24.
Tancat: Diumenges nit. Estàndard: Mitjà. Menú: 850 pts.

El senyor Lee és el pioner dels restauradors coreans de la nostra ciutat; arribat a finals dels anys seixanta, ell és qui va establir el que possiblement sigui encara el més conegut d'aquesta secció, i per descomptat el més antic, el Nuevo Seul, del que en parlem més endavant. El local que actualment regenta amb la seva família, situat a Gràcia, data del 1984, i és una sala per a una seixantena de persones, decorada senzillament amb un agradable predomini de fusta, molt en l'estil del seu país.

En el terreny del menjar, el més recomanable és de demanar entre tots els comensals una varietat equilibrada de plats, tots a l'hora, i anar picant, contrastant gustos: si sou dos, podeu ordenar per exemple una sopa, unes verdures, un arròs i una carn. D'entre les sopes, essencials en la cuina coreana, aconsellem la de Verdures i Tofu, picant, o bé la de Peix i Marisc, picant o no, les quals consten en l'apartat d'especialitats; com a verdures, podeu demanar un Pan Chan, que són com uns aperitius variats i molt típics a base principalment de vegetals i algun habitant del mar sotmesos a imaginatives maceracions: col xinesa, nap, algues, xanguet,etc. els quals aporten una diversitat de gustos aguts, divertits i originals; l'arròs ja està bé blanc, per a servir de base als altres elements; i finalment, com a carn, ens decantem per la més famosa, el Pul Goki (carn de vedella marinada i a la barbacoa). Com a altres opcions més destacades, diguem-ne que com a combinacions individuals tenim el popular Bibim Bap, compost per arròs blanc, verdures, carn picada i ou, sense salsa; i l'anomenat Eternidad Seul, a base de fideus coreans, verdura –basada en bambú i xampinyons– i carn de vedella.

ARIRANG

Vallhonrat 19 (Paral·lel) 08004; T. 425 38 40. Metro: Poble Sec.
Horari: 13-17 i 20-24. Tancat: Diumenges.
Estàndard: Moderat. Menú: 695 pts.

Una altra família Lee, no emparentada amb l'anterior, regenta aquest senzill però polit restaurantet del Poble Sec des de 1988. Quan ens presenten les carta, observem que és bàsicament xinesa amb algunes incursions coreanes barrejades entremig. Descobrim que la carta completa coreana només està en aquest idioma i en japonès. Davant la nostra sorpresa, l'encarregada Lee Eunjung ens argumenta que el públic espanyol no està massa interessat en aquest tipus de cuina i que per tant està adreçat bàsicament a la gent del seu propi país. Després de tot pot ser un bon senyal, pensem nosaltres, que aquest restaurant amagat i bé de preu se sustenti només amb coreans. Sigui com sigui, no us quedarà més remei que fer-vos explicar la llista de plats.

La carta coreana disposa de més de trenta plats. Si sou de sopes, les varietats de Gim Si –les tradicionals picants– o la de Champong, que és de fideus amb marisc. Altres entrants aconsellables són els clàssics Pan Chan i Kim Chi i el Mandu (un tipus de petita empanada en la línia del Wan Tan xinès), fregit o bé en sopa. De segon, el més exitós és el Bibim Bap (a-lula, she's my baby) consistent en arròs blanc, fideus, vedella i ou ferrat; com a un xic més singulars destaquem el Deyibulgogui (=Deyi Pul Goki) (porc picant) i el Calamare Bok Kum (Calamarsos fregits picants).

HAN SU KWAN

Borrell 134 (Diputació) 08015; T. 323 61 75. Metro: Urgell.
Horari: 12-16 i 20-24. Tancat: Diumenges.
Estàndard: Moderat. Menú: 875 pts.

Quan el senyor d'aquest restaurant ens va dir que el seu cognom era Lee, ens van passar dues opcions pel cap: o que aquests extremorientals tan simpàtics ens estaven prenent el pèl o bé que tots els coreans es deien Lee, i encara a hores d'ara no seríem capaços de dir quina d'elles és la bona. Aquesta tercera família Lee, que no guarden cap relació de parentiu amb els anteriors, va obrir aquest restaurant, rellevant-ne un altre d'espanyol, l'abril de l'any 92. El local no ha sofert gaires canvis respecte de la seva època anterior: és una sala per a unes 65 persones, estàndard mitjà, net i polit i decoració neutra, excepte uns pocs pòsters, discrets, relatius al seu país.

En la cuina coreana són essencials les sopes, concebudes com a plats forts, i que en la carta d'aquest lloc s'ofereixen com a especialitats: destaquem les tres més importants: Seng sun ge mul tang (de marisc amb Tofu i verdures), Tofu kim chi chi give (picant amb Tofu, vedella i verdures), Den chang chi give (no picant amb Tofu, vedella i verdures i diferent recepta de l'anterior). Altrament, en l'apartat d'entrants és molt singular el Kim Bap (petits rotllets d'arròs envoltat per algues); com a segon plat té molt d'èxit, si us agrada la línia del peix, el Be doup bab i sopa, que consisteix en arròs, verdura, peix cru i salsa picant, elements que s'han de menjar tots barrejats i se serveix amb una sopa apart; si, en canvi, opteu per la carn, és destacable, a més del clàssic Pul Goki, una especialitat consistent en rellomillo de bou a la brasa amb salsa coreana de bolets i bambú.

La casa obsequia tots els comensals amb Pan Chan i Sopa de Kim Chi com a complement dels seus àpats. I atenció a un menú de migdia molt interessant, barat i variat: deu possibilitats de primers i deu de segons.

NUEVO SEUL

E. Granados 89 (Mallorca) 08008. Metro: Diagonal.

TRES TORRES LEE

Via Augusta 276 (Gral. Mitre) 08017. FFCC: Tres Torres.
Horari: 13-16 i 20-24. Tancats: Diumenge nit.
Estàndard: Moderat. Menú: 725 pts.

Aquests restaurants, propietat de la senyora Jinja Kim, coreana, són els més antics i coneguts d'aquesta secció, encara que s'ha de dir que en la seva trajectòria hi ha hagut alguns canvis de gerència. En l'actualitat, estan portats per gent de les Filipines.

Hi ha una carta extensa, dividida en tres seccions: espanyola, xinesa i coreana. Aquesta darrera, que és la que ens interessa, es divideix en entremesos, sopes, carns i peixos. Sabut és la importància de les sopes entre els coreans: destaquem, en aquest restaurant, la tradicional sopa Champong, de fideus picants. Entre les carns, i apart del Pul Goki clàssic, ens són recomanades les especialitats de Porc Picant i Vedella Picant, servides en una petita paella bullent.

RESTAURANTS DE LA MEDITERRÀNIA ORIENTAL

INTRODUCCIÓ

El marc de la Mediterrània Oriental presenta un entrellat de cultures, origen de grans civilitzacions, interrelacionades entre sí, amb un complex quadre de similituds i diferències geogràfiques, històriques, religioses i, per tant, gastronòmiques; en aquesta secció agrupem els restaurants del Líban, Síria, Egipte i Grècia, basant-nos en els seus trets comuns: la proximitat geogràfica, que condiciona els materials utilitzats; i la proximitat històrica, aportada per la influència del refinat imperi otomà, que va arribar fins als països del Magreb; i de l'element àrab, del qual cal exceptuar Grècia.

Així, i en el terreny culinari, podem trobar un seguit d'usos compartits. En el camp dels condiments: oli d'oliva, all, iogurt, fruits secs (pinyons, pistatxos, ametlles, avellanes, i també panses, figues, prunes, dàtils, etc.), i espècies (comí, sèssam, cardamom, coriandre, clau, nou moscada, etc.) i herbes fresques (alfàbrega, anet, fonoll, menta, llorer, julivert, farigola, etc.); entre les bases, els clàssics pans en forma de coca i també l'arròs, cuit sol i estrictament per a acompanyar o bé elaborat com a plat principal, amb espècies, carn o verdures, influència persa que es va estendre des de l'Índia (Pulao) fins al Mediterrani Occidental (Paella); la gran varietat de verdures, per la seva banda, es presenta de diverses maneres: en amanides, estofats, farcides (els clàssics pebrot i albergínia emplenats de carn i/o arròs) o, molt característics, els purés (molt típics són els de cigrons i albergínies); el peix té una certa presència, especialment a les zones costa-

neres –i molt especialment a Grècia– i sol ser servit en preparacions simples, com ara a la brasa, fregit o de vegades al forn; però si haguéssim de generalitzar, diríem que tiren més cap a la carn: així, són molt clàssics els Kebabs (carn a la brasa, després de ser marinada amb espècies) i els Koftes (carn picada, mesclada amb herbes i espècies, i després fregida i feta al forn), sense oblidar-nos dels estofats, que sempre han estat un plat molt tradicional; en el sector dels dolços, els otomans varen llegar l'invent de la pasta fullada, base de la pastisseria de tota la zona.

A partir d'aquests troncs comuns, tanmateix, cada país ofereix les seves singularitats: el Líban, l'antiga Fenícia, ric i obert a l'exterior, ofereix una cuina sofisticada i fantasiosa, festivals de sabors i de colors, la més reputada de la zona; Síria, per la seva banda, hereva d'una tradició ramadera, presenta una cuina més sòbria, en la que pren gran importància la carn de xai i els estofats; de tota manera, i per raons de proximitats geogràfiques i històriques, les especialitats de la cuina libanesa són incloses també en totes les cartes sirianes; a Egipte hi pesa molt la tradició àrab –encara que hi ha alguns altres elements que resulten de la seva història més antiga, com els coptes– i hi ha una gran afició als llegums, en forma de croquetes (Falafel), purés, o en estofats i, quant a carns, l'aviram comparteix protagonisme amb el xai; finalment, Grècia apareix com el país més diferenciat de tots els d'aquesta secció, ja que la seva tradició està més pròxima a l'Occident que no pas les altres; així, entre pàmpols i purés de cigrons, podem trobar també calamarsos a la romana, salses de tomàquet, etc., tot plegat presentat amb una estètica que s'acosta prou a la nostra, nordmediterrània i cristiana al capdavall.

A la nostra ciutat, el gruix de les propostes de la Mediterrània Oriental està representat, com era d'esperar, pels restaurants libanesos: n'hi ha mitja dotzena, de categories variades, que oscil·len entre l'estàndard alt i el simple bar d'entrepans; per part siriana, hi ha dues representacions, una d'elles establerta ja com un dels exòtics més populars de la ciutat mentre que l'altra encara és d'apertura ben recent; per tancar la secció hi ha un únic egípci i un únic grec, tots dos a la part vella de la ciutat.

A continuació us relacionem les principals propostes que trobareu en aquests restaurants:

Mazza: terme d'origen grec que significa barreja. El trobareu als libanesos i sirians, significant «assortit d'aperitius». En aquesta mena de restaurants, la Mazza és el més comú per a iniciar un àpat. Els plats que enumerem a continuació en poden formar part, encara que també es poden prendre en racions separades.

Tabula: Amanida de burghul (blat partit), tomàquet, ceba i julivert.

Baba Ghanoug: Puré d'albergínies rostides amb tahina (pasta de sèsam), all, llimona i oli d'oliva.

Warak Anam Mashi: Pàmpols farcits, normalment d'arròs.

Labne: Iogurt aformatjat.

Kibbe: Burgul (blat partit) mesclat amb xai picat (cru, fregit o a la brasa).

Humus: Puré de cigrons amb pasta de sèsam.

Fataye: Pastissets farcits amb espinacs o carn i pinyons.

Apart de la Mazza, són comuns:

Kebab: Carn a la brasa, després de ser marinada amb oli i espècies.

Kofta: Carn fregida o al forn, després de ser picada i mesclada amb herbes i espècies.

Falafel: Croquetes de faves mòltes i espècies, fregides.

Mussaka: Pastís típic grec, format per capes de carn de vedella (condimentada amb ceba, tomàquet i espècies), albergínies, patates i beixamel i fet al forn.

ABOU KHALIL (libanès)

Santaló 88 (Via Augusta) 08002; T. 201 88 30-201 87 50.
FFCC: Muntaner. Horari: 13-16 i 21-24. No tanca.
Estàndard: Alt. Menú: 1.175 pts.

Obert el 1983, aquest és el libanès històric de la ciutat, restaurant familiar que dirigeix en Katib, que compta amb el seu germà Alí als fogons i el seu nebot Iasser com a responsable de menjador. Situat a la zona alta de Barcelona, i amb una decoració tirant cap a sumptuosa, l'Abou Khalil ja ha aconseguit de fer-se amb un lloc entre les opcions gastronòmiques de la classe mitjana-alta de la ciutat.

La carta, que s'obre a l'estil àrab –és a dir, començant pel que nosaltres consideraríem el darrera– presenta d'entrada una àmplia varietat, i molt ben ordenada, d'aperitius: trenta-tres possibilitats d'aquesta mena de tapes amb què s'inicia qualsevol àpat libanès; a més dels més habituals, com l'Humus, el Labne, el Fataye...– hi trobem també els molt típics de cervellets, ronyons, fetges, llengua, turmes, etc... cuinats amb gran delicadesa, molt apreciats per la gent de l'Orient Mitjà. Els segons plats s'ajusten a la cosa tradicional: una varietat de possibilitats de xai –costelles, xix kebab, carn picada...–, més alguna mostra d'aviram i peix. Sense dubtar-ho, per a dues o més persones que s'iniciïn en aquest tipus de menjar recomanaríem la Mazza, consistent en un assortit de 14 dels esmentats platets d'aperitiu seguit d'una varietat de carns: aquesta selecció variada ja preparada estalvia molts maldecaps als principiants! Esmentem també l'opció típica de l'Arais, consistent en pa libanès farcit de carn, espinacs o formatge. I per a regar l'àpat, en aquest restaurant teniu la col·laboració del vi libanès, en les seves versions de negre, rosat o blanc.

Com a afegitó, si hi aneu en divendres o dissabte al vespre, teniu inclòs l'espectacle de la dansa del ventre.

ALBASHA (libanès)

Ptge. Marimon 7 (Diagonal-Muntaner) 08021;
T. 209 29 33-209 00 23. Metro: Hospital Clínic.
Horari: 13-16 i 21-24. Tancat: Diumenges. Estàndard: Mitjà. Menú: 975 pts.

Prop de la plaça Francesc Macià, en Youssef ens proposa des de l'any 1990 aquesta alternativa libanesa. Sense que això signifiqui desmerèixer els sopars, volem destacar la possibilitat original d'uns excel·lents menús de migdia, i a molt bon preu, de cara a les nombroses persones que treballen i dinen a la zona. En Youssef també conserva l'opció, i encara un xic més barata, d'un menú de cuina espanyola.

Com sempre, el més divertit de la cuina de la Mediterrània Oriental ho constitueixen els entrants, així que us aconsellem que comenceu triant la vostra Mazza (assortit d'entrants). En Youssef ho fa de la següent manera: tres plats diferents per persona, de manera que si sou dos us en portarà 6 de diferents, si sou 3 en tindreu 9, etc, i així fins a 12 o 15 en què comença a augmentar les quantitats; la qual cosa vol dir que com més sereu més riureu, però estem en condicions d'assegurar que només anant-hi dos la diversitat de 6 ja és prou satisfactòria (aquests seran els més clàssics: Humus, Matabel, Labne, Tabula, Swarma, Ful). Com a segon podeu demanar una mica de kebab del que més us agradi.

Al marge d'aquest menú clàssic teniu altres ofertes: salsitxes libaneses o Sofitus (baby pizzes). També, en cas que us acompanyi algun pusil·lànim de les cuines exòtiques sempre el podeu remetre a l'apartat de cuina internacional i que mengi, per exemple, unes gambes a la planxa o un entrecot.

Per acabar, un cafè libanès, o sigui el que es fa amb cardamom. I, si hi aneu en cap de setmana, hi trobareu una ballarina: la dansa del ventre, *bien entendu*!

LEBAN (libanès)

Urgell 88 (Diputació) 08011; T. 451 81 88. Metro: Urgell.
Horari: 10'30 matí - 1 nit. Tancat: Dilluns. Estàndard: Moderat.

Una petita sala senzilla ha estat suficient per a fer-se ja amb una certa clientela fixa a aquest recent restaurant (1992) de cuina libanesa que l'Adnan va obrir a la part baixa de l'Eixample. El local funciona com a bar-restaurant, així que, encara que la cuina més consistent només se serveix en els horaris habituals, podeu prendre una tapa libanesa al llarg de tot el dia.

Trobareu una carta curta i clara, fàcil de llegir: una desena d'entrants vegetals (els clàssics) seguits de les carns també més tradicionals. Com a una mica més original, es recomana la seva versió del clàssic Kibbe Naye, o sigui carn picada crua barrejada amb blat mòlt (importat del Líban): aquest és un plat que inicialment pot semblar poc desitjable, però és una opció molt refinada i apreciada, en la línia del bistec tàrtar. També, com a opció diferent, és aconsellable la Kofta al forn, un pastís per capes de carn (barreja de vedella i xai), patates i espècies (menta, coriandre, comí) que, com el seu nom indica, conclou el seu periple culinari a les caloroses cavernes del forn. I, per acabar, un dolç de fabricació casolana –el Mushasak– ajudat per un cafè libanès o un te àrab. L'Adnan s'ofereix també a fer menjars per encàrrec, un cuscús a la libanesa o el més propi xai farcit. I, si la voleu pagar, us aconseguirà la ballarina de rigor.

PARIS CONDAL (libanès!)

Muntaner 34 (Diputació) 08011; T. 453 11 43. Metro: Universitat.
Horari: 13-16 i 21-23'30. Tancat: Dilluns. Estàndard: Moderat.

Nom estrany aquest per a un restaurant libanès, però és que els propietaris han volgut respectar el de tota la vida; de la mateixa manera que han mantingut també l'estructura i decoració de bar-restaurant dels d'aquí, la que trobaren quan, ara fa uns vuit anys, van iniciar la seva trajectòria, amb un aparell de televisió inclòs presidint un menjador que es reparteix en dos pisos. Els germans Marwan i Mohamed, amb la col·laboració de l'Esperança com a encarregada de menjador, van anar introduint les especialitats del seu país de manera paulatina; de fet, només és de fa un parell d'anys que aquest establiment opta decididament pel menjar libanès com a gruix de la seva proposta, alhora que es decidien a instal·lar un rètol exterior, com a lògic reclam, en llengua àrab.

És clar, com a entrants, trobem el ventall típic: Humus, Tabula, Feta, Ful, etc., que aquí són servides com a racions senceres i no pas com a tapes. Com a plats principals, trobem per una banda un primer apartat de kebabs –pollastre, carn picada i xai–, i l'Arais, pà libanès amb diversos farcits; tanmateix, remarquem per singular el Macanec, una salsitxa libanesa –de xai amb pinyons– elaborada per ells mateixos. En aquesta mateixa secció de la carta també hi localitzem un grapat de propostes més sofisticades, com el Jaruf Mehshi, que és com un pastís de pasta fullada que conté arròs, xai i fruits secs, i és cobert amb salsa de iogurt, i el Warak Arish, pàmpols farcits d'arròs i xai amb salsa i les manetes del cabrit. Els amants dels tastets també disposen aquí de les seves opcions: Mashaui, que és una selecció de carns i, pels vegetarians, Mahashi, una selecció de verdures. Les postres són bàsicament les tradicionals Halawa i Baklawa. Dit això, signifiquem que aquest és un lloc per deixar-se aconsellar: l'Esperança està habituada a orientar la seva clientela.

EQUINOX (libanès)

Torrent de l'Olla 143 (Astúries) 08012; T. 237 42 52.
Metro: Fontana. Horari: 17-2. No tanca. Estàndard: Econòmic.

Sota un nom poc àrab –que resulta ser homònim d'un restaurant del Líban al qual el propietari havia estat vinculat– apareix aquest petit bar, sense peculiaritats decoratives que el distingeixin d'entre els molts que poblen els carrers i carrerons de Gràcia. Malgrat aquesta poca diferència aparent, en canvi, l'oferta és completament singular en el barri, ja que la totalitat de les propostes és libanesa. En realitat, és un bar d'entrepans i tapes en versió d'aquell país de l'Orient Mitjà. Ideal doncs pels que busquin bocata i cervesa, ràpid, senzill i barat, el que passa és que en lloc de txistorra o mortadel·la podeu cruspir-vos Swarmes o Koftes.

En Samir i en Georg us posen a l'abast tot el més clàssic, embolicat en el pa libanès (falafel, humus, els esmentats swarmes, etc.); com a més original potser destacaríem el Kasabit Dajaj –entrepà de fetge de pollastre–, les empanades d'espinacs i, per postres, el Gelo (gelatina amb fruites) o el castar (flam libanès).

S'ofereix també la possibilitat de servei a domicili.

BYBLOS (libanès)

Marià Cubí 209 (Calvet) 08021; T. 414 31 61. FFCC: Muntaner.
Horari: 11-2. No tanca. Estàndard: Econòmic.

Sota el nom suggerent i mític d'aquell port fenici de l'Antiguitat operen des de l'any 88 alguns descendents d'aquells fenicis, avui anomenats libanesos, disposats a proveir d'entrepans típics a tothom que s'animi a entrar.

Propietat de Ghazi i regentat per Mustafà, la seva dona Mònica i el seu amic Eli, el Byblos és un petit snack-bar econòmic, exclusivament de barra, que representa una alternativa original a les habituals opcions ràpides i lleugeres de la zona.

Sempre en cuina artesanal, s'ofereixen les coses clàssiques: shawarma, falafel, kofta (carn picada), pollastre, humus, muttabal, labne, bikini (amb pa libanès), i kibbe. I si ho encarregueu, fataye i els pàmpols amb arròs. També teniu Baklawa i altres dolços, cafè i te libanès.

I la gent és molt amable. Aquests fenicis saben vendre.

XIX KEBAB (sirià)

Còrsega 193 (Villarroel) 08036; T. 321 82 10.
Metro: Hospital Clínic. Horari: 13'30-16 i 21-24. Tancat: Dimarts.
Estàndard: Mitjà.

AL BUSTAN (sirià)

Marià Cubí 190 (Calvet) 08021; T. 201 34 34.
FFCC: Muntaner. Horari: 13-16 i 21-24. Tancat: Dilluns.
Estàndard: Mitjà.

El Xix Kebab és un lloc d'aquests que té un toc especial, alguna cosa en el conjunt que el fa atractiu; per això, aquest petit i veterà (1983) restaurant és indubtablement, d'entre els d'aquest llibre, un dels que ha assolit una més gran popularitat. Diríem que aquest fet es basa en una honrada senzillesa i manca de pretensions, tant pel que fa al local, polit i suaument decorat a l'estil àrab, com a la seva carta clàssica.

Animat per l'èxit del Xix el seu propietari, el sirià Iskandar, decideix l'any 93 d'obrir-li un germà, i així sorgeix Al Bustan, nom que vol dir «prat» (però no pas de Llobregat, sinó d'Alepo, la seva ciutat natal, on hi ha un restaurant que se'n diu). La carta és exactament la mateixa.

En aquests restaurants podeu demanar per començar l'assortit d'aperitius habitual en les propostes de la Mediterrània Oriental; entre els segons, com a més original destacaríem l'Iskandar Kebab, un plat d'origen turc consistent en un pastís conformat per les capes següents: pa torrat, iogurt amb sal i all, carn de xai trossejada i rostida al carbó i pinyons fregits. També tenen molt d'èxit els Mahachi (albergínies o carabassons farcits) o el clàssic Xacrie (carn amb iogurt).

Com a postres, a més del Baklava clàssic (les típiques pastes de full molt dolces), teniu l'opció dels dàtils farcits de nous i llet.

AL SHAM (sirià)

Mallorca 202 (E. Granados) 08036; T. 451 72 89. Metro: Diagonal.
Horari: 12'30-16'30 i 20-24. No tanca. Estàndard: Mitjà.

Al Sham, un nom que fa doble referència a la ciutat de Damasc i a la gran Assíria del passat, és un restaurant sirià, el segon de la ciutat, obert a finals del 92. Amb l'avantatge d'una òptima situació en ple Eixample, ofereix una atmosfera polida i acollidora amb els clàssics ingredients àrabs, arcs, rajoles, i fins la font central i tot: un lloc adequat per escapar-se, al migdia, de les tensions de la feina, cosa no sempre fàcil d'aconseguir. En Ioussef us atendrà al menjador.

Trobem una carta àmplia amb uns preus tirant cap a baixos, en la que no manquen algunes concessions a la cuina occidental per a aquells que no s'animin a la cuina siriana; altrament, aquesta carta inclou tot el més conegut de la cuina de la Mediterrània Oriental: humus, falafel, tabula, labne, swarma, kebabs variats, etc. En els plats que hem tastat hem pogut constatar la fidelitat de sabors i olors als originals, condició que l'amo Faiez ha volgut establir des de bon principi i que complaurà els amants de l'autenticitat: preneu un xai farcit, per exemple, una de les especialitats de la casa –el xai és aquí el rei de la carta– i us recordarà invariablement el regust característic de les carns d'aquelles terres. Esmentem també, com a singulars, les Kibbe, especialitat tradicional consistent en pasta de blat matxucada i convertida en recipients que després es farceixen de diferents elements.

TUT ANKH AMON (egipci)

Rauric 18 (Pl. Reial) 08002; T. 412 52 01. Metro: Liceu.
Horari 13'30-16'30 i 19-24'30. Tancat: Dimarts.
Estàndard: Moderat. Menús des de 950 pts.

Una amable família cairota –de les poquíssimes que hi ha a Barcelona– va instal·lar a l'any 89, a tocar de la plaça Reial, l'únic restaurant d'aquesta nacionalitat de la ciutat: el seu nom, per altra banda, manllevat d'aquell autèntic *crak* de faraó, no es presta a confusió. Alí, el pare, i Walid, el fill, són els qui predominantment atenen a la gent, mentre que el sector femení de la família opera davant dels fogons a la vista del públic. Es tracta d'un establiment concebut amb voluntat de calidesa i informalitat (se'l subtitula Mesón Egipcio), amb una estètica tirant cap a kitsch i una gran capacitat, si cal: damunt de la planta baixa habitual hi ha dues plantes disponibles que se solen utilitzar per a grups; també hi ha música i videos egipcis en dansa (i mai millor dit). I si cal, és clar, us llogaran una ballarina.

Els plats de la carta estan agrupats en cinc possibilitats de menús a preus diferents, combinacions ja adequades que a més representen un cert estalvi econòmic. El qui ho vulgui, és clar, també pot demanar la carta. Entre els plats oferts, singularitzem especialment la Fatta, una sopa a base de pa torrat, carn, arròs i all que, segons creiem, no pot trobar-se enlloc més de la ciutat. Trobem també el Cuscús a l'egípcia, la Cobeba (bomba de carn), l'arròs vermell i un parell d'ofertes de peix, de les que és destacable el besug a la brasa. I per encàrrec, també es fan coses que no estiguin a la carta.

MEDITERRANIA (grec)

Cometa 5 (darrera Ajuntament) 08002; T. 310 77 12.
Metro: Jaume I. Horari: 21-23'30. Tancat: Diumenges i festius.
Estàndard: Moderat.

Més que un restaurant, ens diu la seva propietària, és una taverna, la qual va començar l'any 85 essent mediterrània per limitar-se després a la secció grega. La Maria Montserrat és una enamorada de Grècia, el país al qual ha realitzat incontables viatges al llarg d'una colla d'anys, i d'aquí la idea d'establir aquesta casa de menjars senzilla i acollidora que finalment és l'única opció grega de Barcelona. En un petit carrer del casc antic, doncs, només als vespres, obre les portes aquest local: una sala per a una trentena de persones, estovalles de quadres blancs i vermells, cadires de bar de poble, color blau mariner i blanc, freqüentada majoritàriament per una clientela coneguda que col·labora al seu aire arrecerat i familiar.

Hi trobareu una carta reduïda que es divideix simplement en amanides, plats calents i postres. Deixeu-vos aconsellar per la Maria Montserrat, però en tot cas voldríem destacar els seus farcellets de col i de pàmpol farcits d'arròs i la clàssica mussaka com a plats més reconeguts de la casa. En la mussaka, la mestressa posa molt d'èmfasi en una cocció lenta i delicada. També teniu pebrots i albergínies farcits i pollastre o xai al forn. És una cuina aromatitzada amb herbes que ens són familiars: fonoll, orenga, julivert, i també all.

Per postres, us remetem a les artesanals Jalvas, una sèmola fregida amb mantega i fruits secs que es completa amb un combinat de llet, clau, llimona, sucre i canyella. Regueu l'àpat amb el clàssic vi de retzina, el licor Ouzo i el cafè grec.

RESTAURANTS MAGREBINS

INTRODUCCIÓ

La cuina que es fa als països del Magreb està molt relacionada a la dels països de la Mediterrània Oriental, tant per factors geogràfics com històrics, religiosos i culturals: otomans, àrabs, Islam, Mediterrani i desert són alguns dels factors que determinen aquestes similituds. Així, trobem que en la cuina magrebina s'usen també l'oli d'oliva, l'all, els fruits secs, les herbes i les espècies, i que la carn –de xai sobretot– i els estofats en són grans protagonistes.

Tanmateix, existeixen alguns factors que diferencien aquesta zona nordafricana, i molt especialment el substrat berber: l'emblemàtic Cuscús és un exemple decisiu d'aquesta diferència; les tècniques d'elaboració d'aquesta sèmola van ser ja introduïdes, segons sembla, pels cartaginesos. El pa i l'arròs arribarien molt després, als voltants del segle X. Fins i tot entre els diversos països que conformen aquesta zona cultural es fan paleses algunes diferències: mentre que Tunísia manifesta algunes influències italianes (ús de la pasta i els tomàquets), i una bona afició al picant. Algèria presenta la cuina menys especiada i influïda pels francesos: n'és un bon exemple el tradicional Chek chuka (la Ratatouille), consistent en un sofregit d'all, tomàquet, ceba i pebrot amb verdures, com carbassó, mongeta tendra, col-i-flor, carxofes, etc; Marroc, per la seva banda compta amb la gastronomia més variada i elaborada mentre que la de Líbia és la més ortodoxa i purament àrab. La gran quantitat de variants del típic Cuscús (cada país fa el seu estil, inclosos, per influència, els de la Mediterrània Oriental) és una mostra d'aquesta diversitat relativa.

A la nostra ciutat comptem amb mitja dotzena de restaurants dedicats a les especialitats magrebines, amb estàndards que oscil·len entre el mitjà-alt i l'autènticament econòmic; en aquests darrers, bona part de la clientela està formada per membres de la nombrosa colònia magrebina. Les cartes d'aquesta mena de restaurants són senzilles d'esquematitzar, ja que el noranta per cent de la parròquia hi acudeix per menjar un Cuscús o bé un Tajine. A continuació descrivim aquestes propostes:

Cuscús: sèmola de blat dur que, un cop mòlta, requereix un complex treball manual, un humiteig precís i una primera cocció adequadament airejada abans de ser assecada al sol i així convertida en els granets que poden trobar-se als comerços; cuinada al vapor, serveix de base a un brou o estofat de verdures, carn o fins i tot peix. A partir d'aquí hi ha una diversitat de variants, tant d'elements afegits com de presentació, segons països i restaurants.

Tajine: El nom fa referència al recipient en què s'elabora aquesta línia de plats, que són estofats diversos.

Harira: Aquesta espessa sopa de carn i llegums (xai i llenties normalment, encara que hi ha variants) també és un plat clau, popularíssim a la zona, i molt especialment consumit en l'època del Ramadà. Pot trobar-se a totes les cartes magrebines de la ciutat.

LA ROSA DEL DESIERTO

Pl. Narcís Oller 7 (Diagonal-Via Augusta) 08006; T. 237 45 90.
Metro: Diagonal. Horari: 13-15'30 i 21-23'30. Tancat: Diumenges.
Estàndard: Mitjà-Alt.

Aquest és un dels restaurants més coneguts d'aquesta guia, per això s'ha de tenir bona cura de reservar taula amb antelació, sobretot els caps de setmana. En l'actualitat, Sergio i la seva dona continuen el sòlid treball que el pare del primer va iniciar ara fa una vintena d'anys. Persisteix l'ambientació com a tenda beduina del desert decorada amb objectes magrebins diversos i comptant, és clar, amb l'enorme rosa del desert que dóna nom al restaurant presidint el menjador.

Se'ns proposa la carta clàssica magrebina, de la que no dubtem a recomanar el Cuscús en qualsevol de les seves variants (compte, per demanar el reial s'ha de tenir molta gana!); els vegetarians poden comptar amb el macrobiòtic, que figura ja des de fa temps entre les especialitats de la casa. En cas que vulgueu tastar un entrant un xic més original podeu demanar la Kemia, una mena de croquetes especiades que s'ofereixen en tres versions: cigrons i julivert, patata i tonyina o patata sola. Si preferiu un Tajine, és aconsellable particularment el de xai. I si sou una colla –almenys 6– i ho encarregueu amb temps (fins al dia anterior) podeu intentar l'atac a un sempre respectable Mashaui, el tradicional cabrit a la brasa magrebí. Sempre és agradable de passar una vetllada a recer d'aquesta acollidora jaima.

EL CUS CUS

Pl. Cardona 4 (Gala Placídia) 08006; T. 201 98 67.
Horari: 13'30-15'30 i 20'30-23'30. Tancat: Dilluns.
Estàndard: Mitjà-Alt. Menú: 1.200 pts.

El fet que aquest petit restaurant sigui conegut per molts com a «Chez Omar i Maria» ja revela el caràcter familiar de l'indret. I certament, aquesta parella algeriana-zamorana i la seva filla Salima confereixen a aquest lloc l'aire confortable i acollidor propi d'una llar. Situat a l'apacible plaça Cardona, a Sant Gervasi, el Cus Cus és així una opció molt recomanable per a una vetllada tranquil·la i delicada. Obert el 82, està suaument decorat amb les clàssiques rajoles morunes, objectes propis del Magreb i algunes fotos de clients populars.

Però passem al menjar. Es destaca el caràcter artesanal de la cuina i...atenció a les interessants propostes de menús de migdia, si és el cas. La base de la carta, com és d'esperar, són els diferents Cuscús –que donen nom al lloc– i també els tajines: alguna de les seves variants esdevé invariablement el plat fort del nostre àpat. Com a singularitats esmentem les tres diferents opcions del tradicional Chek-Chuka, la possibilitat de coques de pa i l'oportunitat d'acompanyar l'àpat amb un vi algerià: Sidi Brahim, en versions negre i rosat, és el més habitual. I per acabar podem triar, per exemple, un te a l'aigua de tarongina.

KASBAH

Vila Vilà 82 (El Molino) 08004; T. 329 83 84. Metro: Paral·lel.
Horari: 13-16 i 20-24. Tancat: Dilluns. Estàndard: Mitjà.

L'any 78, el restaurant Marrakesh, el pioner magrebí de la nostra ciutat, es transforma en Kasbah de la mà del segovià Abelardo Bermúdez, qui d'aquesta manera iniciava una trajectòria que s'ha mantingut fins avui. Aquest local, situat vora el Paral·lel, és apte per a unes 60 persones, i està format per diversos i arrecerats racons decorats amb tot una varietat de referències ornamentals àrabs: arcs, una font central, teles, objectes. El propietari, que s'ocupa bàsicament de la cuina, presenta el més clàssic i esperat de la cuina magrebina (Cuscús, tajine, sopa harira, etc.) ampliada amb unes quantes incorporacions de la Mediterrània Oriental (falafel, humus, etc.) i encara amb tota una pàgina d'opcions de cuina francesa per aquells que no s'animin als sabors llunyans. Com a cosa original s'ofereix l'anomenat Llenguado Oriental, una especialitat de la casa obtinguda a base de marinar el peix en espècies. Altres alternatives als plats més coneguts són la Mesaha (carn picada amb espècies i beixamel) i la Kudeiba (carn picada amb pinyons i espècies), la qual –aquesta darrera– es presenta tradicionalment crua, encara que si no us fa goig l'Abelardo us la pot passar pel forn. Per postres, ens resulta divertit el que consta com «la madre de Alí», un dolç que consisteix en bescuit, fruits secs i crema.

CASABLANCA

Portal Nou 18 (Pl. Sant Agustí Vell) 08003; T. 319 90 77.
Metro: Arc del Triomf. Horari: 11-17 i 20-24.
Tancat: Diumenges nit i dilluns. Estàndard: Moderat. Menú: 750 pts.

Ara per ara, aquest és l'únic restaurant de Barcelona regentat per marroquins. Situat al barri de la Ribera, a tocar de la plaça de Sant Agustí Vell, els mateixos magrebins que habiten al sector formen una part important de la clientela (l'altra part, sobretot al migdia, la forma gent de les oficines properes); aquesta circumstància ajuda a que la cuina d'aquest restaurant es mantingui molt fidel als orígens. El restaurant (1991) és propietat d'en Abdul Latif, originari de Casablanca –i d'aquí, és clar, el nom del restaurant– qui és ajudat per son germà Aziz.

Ofereixen una carta (que, per cert, també està en català) prou completa, que compta amb les bases habituals de sempre. Destaquem com a originals els Tajines de tonyina i de salmó i, ja que parlem de tajines esmentem que aquests estofats són servits en els clàssics recipients tradicionals (que en realitat són els que s'anomenen tajine i dels que deriva, com ja hem dit, el nom del plat). Esmentem també la Pastela (només per encàrrec), una mena de pastís fullat conformat per diversos pisos de pollastre, fruits secs i ceba i julivert.

A nosaltres ens encanta que per fi existeixi la possibilitat d'acostar-se a la cuina magrebina per la via econòmica i senzilla; i per cert, atenció a les excel·lents opcions, sempre variants, de menús de migdia.

TETERIA JAZMIN

Maspons 11 (Pl. del Sol) 08012; T. 218 71 84. Metro: Fontana.
Horari: 19-2. Tancat: Dilluns. Estàndard: Moderat.

Més que un restaurant, Jazmín és bàsicament un lloc per a relaxar-se, sovint durant hores, al voltant d'uns gotets de te i unes pastes i submergits en una agradable penombra. Aquesta teteria és una evident projecció de la personalitat del seu propietari Josep, un home que un bon dia va anar a petar a Tunísia a seguir uns cursets d'àrab i va tornar fascinat per l'ambient i disposat a instal·lar-ne un retall a la nostra ciutat. Corria l'any 1985. En aquest sentit, doncs, ha aconseguit ben bé el que volia, un local senzill i sense pretensions, vestit amb una acollidora decoració moruna, ideal per a aquells que s'estimin més una xerrada amb calma que els decibelis dels bars *canyeros*. I en ple Gràcia.

L'incloem en aquesta guia perquè també ens ofereix, amb una carta curta, la possibilitat de sopar. Estem en condicions d'assegurar que tenen bona mà cuinant el Cuscús (única opció: de verdures, ja que tot és vegetarià; d'alcohol tampoc no n'hi ha) i que si voleu alguna cosa més lleugera poden oferir-vos un falafel, un humus i unes poques coses més. Per postres o per picar tenen les típiques pastes dolces de full (Baklawa) i, per acompanyar-les, l'autèntica especialitat de la casa, tota una diversitat de tes molt ben aconseguits. Amb els anys que porta i la seva situació privilegiada a tocar de la Plaça del Sol, la Teteria Jazmín ja és molt popular entre la gent, sobretot entre la franja jove.

RASHID

Arc de Sant Agustí 5 (Mercat Boqueria) 08001. Metro: Liceu.
Horari: 10-22; No tanca. Estàndar: Econòmic.

Darrera el mercat de la Boqueria, aquest establiment s'ha anat obrint i tancant diverses vegades al llarg dels darrers anys. L'última apertura és de gener del 93, a càrrec d'un tàndem de propietaris sirià-palestí.

És un restaurant molt econòmic, adequat pels amants de les coses genuïnes i poc disfressades, freqüentat per membres de la colònia magrebina que en bona part resideixen al barri; conseqüentment, els preus són molt barats. El local és una sala única amb capacitat per a una trentena de persones.

Malgrat la procedència dels propietaris actuals, les propostes segueixen sent magrebines: Cuscús en les seves variants de pollastre, verdura i carn; Kofta de verdures, arròs i pèsols o mongetes; sopa Harira; te verd; i dolços típics (Baklawa). També disposen de tot un apartat de cuina espanyola (pollastre amb patates i similars) i de la possibilitat de preparar menjar per a emportar-se'l.

I a la porta del costat, per si algú la precisa, hi ha la carnisseria musulmana Laham al Halal, regentada per pakistanesos.

RESTAURANTS DE SENEGAMBIA

INTRODUCCIÓ

És creença generalitzada que l'alimentació dels pobles de l'Àfrica negra és molt simple i monòtona, sovint exclusivament a base dels aliments que de manera natural siguin a l'abast i sense grans elaboracions; i és innegable que aquesta és la norma en molts d'aquests pobles, però també és veritat que aquest continent tan culturalment divers ofereix tot un reguitzell d'excepcions i de matisos, segons les circumstàncies particulars, a norma tan contundent. Com ho és el cas de la cuina de Senegàmbia, la qual s'ofereix en l'únic restaurant d'aquesta secció, i que compta amb influències de magrebins, àrabs, francesos i portuguesos. L'alimentació tradicional d'aquest país es basa en arròs o mill –aquest en forma de cuscús– i, com a tall, el peix, donat per la riquesa de la costa atlàntica, en totes les seves variants, a la brasa, fregit, estofat, al forn, ja sigui fresc o conservat pel sistema del fumat o d'assecat al sol; tot això aniria complementat per una gran varietat de verdures –espinacs, iuca, pastanagues, carbassons, albergínies, naps, porros, okra...–, condimentat amb herbes fresques i/o espècies, amb tendència al picant i amb una participació freqüent de cacauets, de què Senegal n'és un dels grans productors mundials. Entre les carns, sobretot el pollastre i el xai; en menor quantitat la vedella, i gairebé inexistent el porc, ja que és un país majoritàriament musulmà. En ocasions, peces de caça com l'antílop. La fruita fresca també té un paper important a la dieta. El plat nacional és el Chebu Chen, peix estofat amb ceba, tomàquet, verdures i bitxo, i servit amb l'acompanyament d'arròs. Aquest plat, entre d'altres, el podeu tastar a l'únic restaurant que s'inclou en aquesta secció, i que està situat a l'Hospitalet de Llobregat.

KAIRABÁ

Església 75 (Hospitalet Centre). Metro: Just Oliveras.
Horari: 20'30-24'30. Tancat: Dilluns. Estàndard: Mitjà.

Nota: Restaurant tancat en el moment d'imprimir-se la segona edició.

Una opció absolutament única i original, aquest restaurant africà de l'Hospitalet que a finals del 91 van decidir d'obrir Jaime i Smark, un català i un gambià respectivament; des d'aleshores, aquest petit establiment acollidor i amable, ambientat amb elements propis d'aquell país, ha anat assolint un èxit creixent.

Els propietaris ens comenten que de primer van intentar introduir la carn de cocodril, una carn de preu molt elevat i que, per cert, gaudeix d'una gran acceptació entre alguns coneguts membres de la jet-set; però com que es veu que aquí no tenim el paladar dels de Marbella, Jaime i Smark van haver d'acabar retirant l'exòtica proposta.

Obligats doncs a deixar de banda el rèptil rialler, ens llancem a estudiar la carta que se'ns presenta: com a entrants, us recomanaríem una excel·lent Empanada de Peix o, si voleu una cosa més lleugera, unes broixetes de Gambes; per als qui agradi el verd, l'Amanida Mandinga, basada en l'alvocat amb salsa de gingebre. De segons, l'oferta es diversifica en verdures, peix i carns majoritàriament servit tot amb salses singulars i acompanyades d'arròs o Cuscús com a base. Estem en condicions de recomanar el Mafe (vedella en salsa de cacauet) i el Chebu Chen Blanc (llenguado o lluç amb espinacs). El picant és servit apart. Per postres, són delicioses i enormes les seves propostes de Cremes de Fruites –mango, xirimoia, banana, etc.–, i si voleu pastisseria podeu demanar una Tarta de Leche, elaborada amb llet, mel i cereal matxucat, batut i al forn.

Divendres i dissabtes, a més, música típica senegalesa, cant acompanyat de kora, en directe. Kairabà a aquest restaurant de l'Hospitalet. Kairabà, en mandinga, significa Benvinguts.

RESTAURANTS MEXICANS

INTRODUCCIÓ

El substrat sòlid de les cuines asteques i maies, milers d'anys de sofisticada civilització, més les aportacions decisives dels invasors, molt especialment dels espanyols, però també dels francesos en segon lloc i després –encara ara– dels americans, són les claus històriques d'aquesta gastronomia de personalitat contundent, complexa i singular com cap altra en el continent americà i una de les més valorades del planeta.

Tres mil anys abans de la nostra era, els indígenes d'aquest país ja obtenien de la terra productes tan característics com el blat de moro, les mongetes, les carabasses i els tomàquets, alhora que domesticaven gossos. Cap al 2000 a.d.C. se sap que hi havia un intens treball botànic i agrícola, i que s'intercanviaven informacions i llavors entre les diferents tribus. Quan arriben els espanyols, la dieta de la gent està basada en el blat de moro, una bona varietat de mongetes i algun tros de carn ocasional, de gos domesticat o bé d'aus salvatges com els emblemàtics galls dindis: tot això se servia en forma d'estofats, amb salses de tomàquet, o Tamales (farina de blat de moro cuita al vapor) i el bitxo ja hauria esdevingut ingredient essencial. La xocolata, un dels grans invents d'aquella gent, era patrimoni de les classes riques. Els espanyols introduiren les vaques i, conseqüentment, la llet, la mantega i el formatge, també els pollastres i els ous, el blat i el porc, del qual el llard s'utilitzarà per a fregir. Els francesos, per la seva banda, són una influència lateral, al segle XIX, que majoritàriament es deixarà notar en la pastisseria. Els americans influiran –influei-

xen!– en formes com el fast-food, les quals, mestissades amb les locals, produeixen resultats com el TexMex.

Els ingredients bàsics de la cuina mexicana són els alls, els tomàquets i els bitxos, dels quals n'hi ha més de tres-cents tipus; en el camp d'herbes i espècies, les més usades són el coriandre i el comí. Resulta molt difícil d'esquematitzar una cuina tan variada, que utilitza amb regularitat tota mena d'elements i de formes de cocció. Destaquem si de cas la presència estel·lar de la carn –porc, vedella o aviram–, ja sigui estofada o utilitzada per a farcir Tacos, Enchiladas, etc.; el peix, per la seva banda, s'acostuma a prendre en forma de tractaments simples i molt principalment a les zones costaneres; els ous són objecte de gran consum, oferts en múltiples variants a totes les cartes del país –a la Mexicana, a la Ranchera, Divorciados...–; l'arròs i els frijoles –hi ha una enorme varietat de mongetes– se solen utilitzar com a complements i guarnicions, així com les verdures, les quals també poden formar part d'estofats; base essencial de qualsevol àpat, tan simple com característica, són les Tortillas, el pa mexicà, de blat de moro –aquestes són les més tradicionals– o de blat, fetes en una planxa calenta, les quals operen com a embolcall, alternativa a l'entrepà, en gran nombre d'especialitats; esmentem també els imprescindibles Tamales, especialitat d'origen indígena, consistent en una massa de farina de blat de moro i farcida –normalment de carn–, embolicada després amb una fulla de blat de moro o de plataner i cuita al vapor; finalment, cal assenyalar la suma importància de les salses d'acompanyament, basades en diverses combinacions de bitxos i altres espècies i que ofereixen el darrer toc, i no per darrer menys essencial, de personalitat mexicana a cada plat.

Entre nosaltres tenim mitja dotzena d'establiments de cuina mexicana, presentats en formats lleugerament diferents; mentre que els uns utilitzen la varietat d'aquesta gastronomia per a proposar àpats a base de diverses racions curtes, com de tapes, altres opten per una estructura de restaurant més clàssica; i no manca la possibilitat TexMex. Us els descrivim a continuació, però abans us comentem una selecció dels plats que trobareu a les seves cartes.

En primer lloc, són essencials els plats en què les Tortillas emboliquen un farcit, seguint diversos tractaments; les Tortillas són de blat o de blat de moro, segons els plats i els restaurants, així que cal pregun-

tar al respecte. Les principals opcions són: Tacos, que són la proposta més simple, tortilla senzilla que envolta un farcit que sovint és fregit i que, com en tots els casos, pot alegrar-se amb salses diverses; Enchilada, tortilla fregida i després farcida, enrotllada i acabada de fer al forn; Tostada, tortilla fregida que s'usa com a base on col·locar els ingredients; Quesadilla, farcida, plegada i fregida; Chilaquiles, mena de pastís fet amb tortillas fregides, amb el farcit enmig, i que s'acaben de fer al forn amb una mica de formatge; Nacho, tortilla en bocinets i fregida; Burrito, tortilla normalment de blat enrotllada sobre un farcit, el més clàssic el que conté mongetes fregides, ceba picada, formatge ratllat i ceba picant; Chiminango, burrito fregit, el més clàssic dels quals és de carn; Sincronizada, mena d'entrepà compost de tortillas i qualsevol ingredient.

Entre les salses, la més coneguda és el Guacamole, elaborada bàsicament amb puré d'alvocat, llima, bitxo i coriandre fresc, amb composicions i proporcions finals que poden canviar segons les regions. Entre els peixos, el Ceviche, especialitat que, en diferents variants, està estesa per tota l'Amèrica del Sud, i que consisteix en peix cru marinat en suc de llima i aromatitzat amb bitxo, ceba, tomàquet, all, orenga i oli d'oliva. Entre les carns, les més habituals són les Carnitas, estofada i reclosa posteriorment al forn, la qual se serveix com a farsa de tacos o en plat amb guarnició de verdures; les Fajitas, estofat acabat de fer a la brasa, servit amb tortillas i salses; les especialitats al Píbil, carns de pollastre, gall dindi o porc marinades en bixa, bitxo, herbes i taronja, que són embolicades en fulles de plataner i introduïdes –almenys en el país original– en un forn sota terra que, anomenant-se Píbil, és el que dóna nom al plat; i el Mole Poblano, plat nacional i festiu de Mèxic, proposta complexa a base d'aviram –pollastre o gall dindi– cuit en cebes, all, llorer i brou i passat, en una segona fase, a una salsa d'espècies (canyella, clau, llorer), fruits secs, panses, chilis i un toc final i característic de xocolata. Tots aquests elements hi participen mòlts, i d'aquí el nom de Mole, encara que s'especula que l'origen de la paraula podria ser un terme asteca, Molli, que es refereix a un àpat amb bitxos. No es pot acabar un introducció d'aquestes característiques sense fer esment del típic Café de la Olla, de la cervesa mexicana –Sol o Coronita– que podreu trobar i, naturalment, les imprescindibles tequiles, noms clàssics com

Souza, Cuervo, Mezcal, etc. i cóctels, com el famós Margarita, propostes que completen amb generositat i varietat les cartes de tots els restaurants mexicans de la ciutat.

CANTINA MEXICANA

1: Encarnació 51 (Torrent de les Flors) 08024; T. 210 68 05. Horari: 20-1.
2: Torrent de les Flors 53 (Encarnació) 08024; T. 213 10 18. Horari: 13'30-16 i 20-1. Metro: Joanic. Tancats: Diumenges. Estàndard: Moderat.

El més antic de la ciutat, agafat l'any 87 pels seus propietaris actuals, Héctor i Josefina; com indica el seu nom, està enfocat en una línia de cantina, tasquera, tant en l'orientació del menjar, fonamentalment a base de tapes, com en el seu aire informal i festiu. Les dues adreces consignades, encara que en carrers diferents, es troben a poques passes de distància: el segon no és un restaurant apart, sinó l'ampliació d'un local a qui l'èxit havia fet petit.

Inevitablement, aquestes sales estan ambientades amb objectes de l'abundantíssima i tòpica iconografia folklòrica mexicana, i amenitzats per la seva música singular. Ja abocats sobre la carta, la trobem clara, més aviat curta i ben distribuïda: Raciones, Burritos, Platos del Día i Postres, apart del capítol de les begudes, tequiles, cerveses i el tradicional Café de Olla. Bàsicament, les Raciones i els Burritos són la mateixa cosa, només que les primeres es mengen al plat i els segons enrotllats per una tortilla: aquests apartats funcionen com les tapes. Sota el nom de Platos del Día s'ofereix mitja dotzena de propostes majors, que es van canviant, i que es procura que siguin variades entre sí: que sempre hi hagi verdures, frijoles, pollastre, porc, vedella. Compten com especialitats de la casa, entre altres, la Machaca, una recepta del nord del país: carn de vedella una mica seca, cuita amb espècies (pebre, clau, llorer) i acabada a la paella amb un sofregit; també els Rajas, que consisteix en bitxos vermells escalivats i guisats amb ceba i formatge. Entre les postres, se'ns recomanen la Crema de Mango, l'Ate de Guayaba (amb codonyat) i el Tres Leches, que no és cap taco ni seguit de mastegots sinó tot el contrari, un dolç i amable pastís de llet, llet condensada i crema de llet batudes amb llimona, galetes i nous, plats artesanals tots ells. El grau de picant i fortor dels plats varia segons els casos, així que és millor preguntar individualment.

PANCHITO

Amigó 57 (Madrazo) 08021; T. 202 21 31. FFCC: Muntaner.
Vico 28 (Gral. Mitre) 08021; T. 202 17 13. FFCC: Bonanova.
Horari: 12'30 matí - 1'30 nit. No tanca. Estàndard: Moderat.

«Donde no existen extraños. Sólo amigos que no han sido presentados». Amb aquesta filosofia s'identifiquen aquestes dues tasques mexicanes germanes, que aposten per un públic majoritàriament jove i engrescat, alegria a la que el personal, recalca la Maria Inés, l'encarregada de migdia, s'hi suma amb entusiasme. És clar que aquests enrenous apareixen més aviat els caps de setmana; entre setmana, i sobretot els migdies, la cosa està més tranquil·la. Naturalment, tot plegat transcorre en la companyia de barrets mexicans, jorongos, papel picado i en la presència de la mateixa Virgen de Guadalupe.

Hem de dir, però, que la importància que es dóna en aquests establiments a l'ambient no va pas en detriment de la qualitat de l'oferta gastronòmica. La carta està protagonitzada prioritàriament per tapes: Enchiladas, Tacos, Burritos, Nachos, Guacamole, etc., que permeten un menjar divertit i variat, sempre auxiliades per les delicioses tortillas, de blat de moro o de blat. Amb aquest sistema, un ja menja satisfactòriament, però si algú s'estima més plats formalment més consistents, pot demanar les Albóndigas al Chipotle –molt picants–, la Tinga (Carn de porc en salsa, també picant, i presentada amb arròs) o les Carnitas (carn estofada), totes tres propostes prou exitoses. La resta de la carta la conformen entrepans i pizzes americanitzades, que és el que es coneix com a Comida Tex-Mex (de Texas-México). Podeu comptar també amb un considerable assortit d'alcohols: destaquem les nombroses tequiles, els cóctels, les cerveses mexicanes (Sol i Coronita) i també, pels molt cervesers, la popular Yarda, una gerra característica de gran capacitat.

MEXICO LINDO

Regàs 35 (Gala Placídia) 08016; T. 218 18 18.
Metro i FFCC: Fontana i Gràcia. Horari: 13-16 i 20-24.
Tancat: Diumenge. Estàndard: Mig. Menú: 1.500 pts.

Per a en José González, del D.F., propietari del restaurant i preocupat, segons confessa, per la difusió de la cultura del seu país, la música és una part substancial de Mèxic –qui hi hagi estat sap que ningú no podria discutir-li aquesta afirmació– i és per aquesta raó que cada nit de la setmana hi té convocada música en viu, serenata a la taula, i que les hores que el directe no hi és present mai no hi falten pels altaveus les veus inconfusibles de Jorge Negrete, Javier Solís o Pedro Infante; músiques que ambienten un decorat definit per tots els elements que marca l'ortodòxia folklòrica de Mèxic.

A diferència dels anteriors, el México Lindo s'allunya del concepte de tasca i exerceix formalment de restaurant en el sentit clàssic. Així, la seva carta s'estructura de manera més convencional: aperitius (begudes i cóctels a base de tequila sobretot), entrants (nachos amb guacamole, tamales, etc.), plats principals i postres. Com a especialitats de la casa destaquem el Bistec Cholula (amb una salsa feta amb diversos bitxos importats de Mèxic), el tradicionalíssim Pollo con Mole (famosa salsa de xocolata i bitxos), les Enchiladas Suizas, la Carne a la Tampiqueña i els Chilaquiles (tortilla de blat de moro amb salsa de crema de llet, formatge, bitxos i carn). Per a concloure, en José ens descobreix un parell d'opcions amb denominacions que faran feliç a més d'un: la Polla, un clàssic a base de suc de taronja, rovell d'ou, canyella i xerès sec i el Puta Madre, que és com un cafè irlandès però amb tequila. Ja sabeu, Polla o Puta Madre per a coronar l'àpat. Si voleu cervesa mexicana, Coronita o Sol a disposició i, en el mateix terreny de la beguda, una singularitat: el cava Querétalo, elaborat per Freixenet a Mèxic.

OH TEQUILA

Providència 88 (Pl. Rovira) 08024; T. 219 00 36. Metro: Joanic.
Horari: dilluns a dissabte 20-1, diumenge 13-16 i 20-24. No tanca.
Estàndard: Mitjà.

Els volums d'aquest local el fan un lloc agradable, i entre les fotografies i objectes folklòrics que ornamenten les parets s'endevinen aspectes de qualitat; sonen els corridos obligats també en aquest restaurant de Gràcia, obert el 1991 pel mexicà Francisco Rodríguez.

Com l'anterior, el Oh Tequila funciona com a restaurant clàssic. Se'ns ofereix una carta dividida en Entrants (Nachos, Ceviches...), Amanides, diverses varietats d'Ous (Mexicana, Ranchera, Oh Tequila, Divorciados) –i tingueu en compte que els ous són molt presents al comú de les cartes mexicanes!–, Antojitos (Tacos, uns excel·lents Burritos, Quesadillas, etc.) i finalment les especialitats. Cal assenyalar que el propietari, procedent de família de restauradors, és un home preocupat per la innovació i el dinamisme en la cuina: per això s'ha llençat a intentar creacions originals com ara la Sábana de Invierno, consistent en un bistec recobert de frijoles, salsa verda i tot gratinat, una mica com una *nouvelle cuisine* mexicana però sense ser garrepa amb les racions. En una línia més tradicional, ens són recomanades les Carnitas, la Carne a la Tampiqueña o el Pollo con Mole com a plats més exitosos; els que resisteixin el picant poden intentar els plats elaborats amb un chile adorat pel propietari, el Chile Chipotle, francament saborós. Per acabar, voldríem recomanar també la Cochinilla Píbil, plat singular i deliciós originari del Yucatan. Per beure, cerveses Sol i Coronita; possibilitat de la Yarda, la gran gerra. I per a acabar, Café de Olla.

EL PASO

**Aribau 106 (Mallorca) 08036; T. 453 23 23. Metro: Diagonal.
Horari: 13-16 i 21-24. Tancat: Dissabte migdia, diumenges i festius.
Estàndard: Moderat.**

*Nota: **Restaurant tancat en el moment d'imprimir-se la segona edició.***

Sota un nom mític, un local agradable en el que resulta fàcil entrar; una decoració gens carregada, protagonitzada per una sèrie de retrats d'indis clàssics, acompanyats per la Virgen de Guadalupe i alguns altres objectes tòpics de Mèxic, inevitables, col·locats això sí amb una estudiada delicadesa. Un lloc amb voluntat de ser assequible en tots els sentits, fins en els preus i tot, apte per a prendre des d'una tapa i cervesa ràpida i informal a la barra fins a un àpat més tranquil i ben instal·lat.

No és mexicà, ens insisteix l'Antoni, el responsable d'aquest restaurant obert a finals del 92, és TexMex, una proposta híbrida, fronterera, inspirada en establiments ja exitosos a Texas i altres llocs del món: el TexMex és un punt de trobada entre el caràcter esquemàtic, simple i directe del fast food americà i la varietat laboriosa de la cuina mexicana, el qual dóna bons resultats perquè és senzill i ric alhora.

Trobem una carta curta i clara, en la que destaquen com a més originals les Fajitas, proposta típica de Texas, unes tires de pollastre i vedella amb llimona servides en un plat metàl·lic molt calent i amb la companyia de tortillas. Sota l'epígraf de Platos El Paso, és a dir, a tall d'especialitats, trobem la Hamburguesa Verde (recoberta de guacamole), els Frijoles Salteados con Chili con Carne i el Pollo Frito a la Americana, entre alguns altres; completen la carta els tradicionals Tacos, algunes possibilitats d'Amanides, els Totopos (coneguts altrament com a Nachos) i una opció picant de nom sonor: la Enchilada de la Choles, a base de vedella, dos tipus de formatge, ceba i chile chipotle. Qui necessiti una hamburguesa també la podrà aconseguir. Ja ho veieu, tot un creuament gastronòmic. I a joc amb el tiberi, música TexMex, en viu els caps de setmana al vespre i en pot la resta dels dies.

RESTAURANTS CUBANS

INTRODUCCIÓ

A la cuina cubana, igual com a la resta de les seves veïnes americanes, els espanyols hi van llegar elements com l'arròs, el porc, la vedella o el pollastre, que ja són decisius en la seva dieta actual. A més d'aquests, el quadre bàsic d'ingredients es completa amb els llegums (frijoles negres i cigrons); amb verdures, com les patates, la iuca, els plàtans verds, etc., sense oblidar-se de les d'origen africà, més desconegudes per a nosaltres, com el quimbombó i la malanga; i amb el peix del Carib, és clar. Trobem l'all i la ceba com a base de sopes i estofats, i un ús regular d'herbes com l'orenga, el llorer i la farigola, mentre que les espècies, també presents (canyella, clau, safrà) s'utilitzen amb més moderació. Els mètodes de cocció més habituals són els guisats, rostits, brases i fregits.

A Cuba és habitual que tots els plats que integren l'àpat se serveixin conjuntament, de manera que els sabors puguin contrastar-se: així, un àpat clàssic vindria conformat, per exemple, per una amanida, arròs, frijoles, carn rostida, iuca fregida i plàtans fregits. Tot això ho podreu tastar convenientment en l'únic i recomanable restaurant que integra aquesta secció.

HABANA VIEJA

Banys Vells 2 (Princesa) 08003; T. 319 10 97. Metro: Jaume I. Horari: 13'30-16 i 20-23. Tancat: Dilluns. Estàndard: Mitjà. Menú: 950 pts.

Habana Vieja perquè aquesta zona del Casc Antic s'assembla a la part vella de La Habana, ens explica Lilian, l'animosa i amable propietària d'aquest establiment obert l'octubre del 92 a l'emplaçament de l'històric bar de progres «Al primer crit»; aquest sempre havia estat un local amb gràcia i ara, amb el canvi transatlàntic d'orientació, ho continua sent.

Portat per cubans, i amb música cubana –normalment de pot, però si s'escau de manera espontània serà en directe, ja se sap que on hi ha cubans és fàcil que brolli la música– aquest restaurant ens aporta un ventall raonable d'entre les possibilitats gastronòmiques d'aquella illa caribenya.

Una carta curta que s'obre amb quatre amanides, segueix amb mitja dotzena de vegetals, mitja dotzena de carns i per acabar una quantitat similar de postres. Com sempre en aquests casos, creriem que l'ideal és demanar entre tots el màxim assortit possible; tanmateix, ells mateixos ja tenen preparada una carta amb les combinacions fetes: es tracta d'uns plats amb noms de ritmes (Guaracha, Danzón, Cha-Cha-Cha, Mambo, etc.) ja pensats com a barreges adequades. És adequat de prendre un Arròs Blanc per barrejar-lo amb Frijoles, i un altre Congrí –cuinat amb all– com a bases, per exemple; uns Plàtans Fregits i una mica de Yuca com a contrapunt vegetal; i alguna carn com a eix de l'àpat, que podeu triar al gust: la Carne Asada és excel·lent, el Picadillo és possiblement el més clàssic i el laboriós Aporreado de Tasajo el més inusual, elaborat amb carn de cavall. Els amants dels Tamales també tenen l'opció de tastar la variant cubana d'aquesta especialitat tan estesa a l'Amèrica. D'entre les postres, l'estrella són les Torrejas Habana Vieja –les nostres coques o torrades de Santa Teresa– o el Coco ratllat amb formatge.

RESTAURANTS PERUANS

INTRODUCCIÓ

En termes generals, la gastronomia del Perú actual respon a un mestissatge entre el substrat inca i les aportacions dels espanyols. Els inques, que no tenien una cuina tan sofisticada com els indígenes mexicans, basaven la seva alimentació en les patates, el blat de moro i els llegums, amb algun tros ocasional de carn; les principals formes de cocció eren els guisats i el forn. Els espanyols, per la seva banda, aporten l'arròs, les vaques, els pollastres i els porcs (i amb aquests darrers, a més de la carn pròpiament dita, el llard, i conseqüentment l'inici de la tradició de fregits).

En aquest país hi ha tres tipus de cuina molt clarament definits: la de muntanya, hereva directa dels inques: encara avui és prou corrent de fer una olla de llegums, blat de moro, tubercles i productes de l'hort per tot el dia, com s'ha fet sempre; la de la selva, basada per una banda en vegetals (plàtans, plàtans verds, iuca) i arròs i per l'altra en pesca (peix de riu) i caça (micos, daines, aus, el que es trobi per la selva); i la de la costa, més oberta i urbana finalment, en la que destaquen les sopes, els fregits i els marinats (ceviche), però que també inclou carns i guisats, i que és la més variada i sofisticada de les tres; els dos restaurants que tenim a la nostra ciutat ofereixen aquest tipus de cuina. Aquests en són alguns dels plats més destacats:

Anticuchos: Tapa molt popular al Perú. Daus de cor de vedella, sovint en broixeta, i fets a la brasa.

Tamales: Massa de farina de blat de moro farcida de carn i llavors embolicada en fulles també de blat de moro i a continuació feta al vapor. Més condimentada que a Mèxic.

Ceviche: Peix marinat en llimona.

Papas a la Huancaina: Patates cuites i servides amb una salsa de crema de llet i ají.

Ají de Gallina: Guisat de gallina trossejada sobre un sofregit de ceba, comí, safrà i ají al qual desprès se li afegeix pa liquat amb llet i brou de gallina: un plat emblemàtic.

Conejo en Salsa Maní: Conill marinat en comí, pebre i vinagre, fregit i elaborat en un sofregit de ceba i maní liquat amb aigua.

AIMARÁ

Ros de Olano 12 (Pl. del Sol) 08012; T. 415 49 84. Metro: Fontana.
Horari: 13'30-15'30 i 20'30-23'30. Tancat: Diumenges i festius.
Estàndard: Mitjà.

Sota el nom d'una de les llengües indígenes del país, ens obre les seves portes aquest petit i acollidor restaurant, el primer que va animar-se (1988) a fer-nos a conèixer les diferenciades propostes d'aquella cuina andina, un grapat de possibilitats que, per desconegudes, esdevenen autènticament exòtiques. Rodolfo Benza, el propietari, us presentarà una carta en què cada un dels plats té la seva explicació, i ell mateix acabarà de resoldre-us les possibles incògnites que us quedin i d'orientar la vostra comanda.

Per començar podeu triar entre vuit plats; tenen molt d'èxit, potser per un gust més proper al nostre, les dues propostes de Papas, a la Huancaina o Rellenas; aquestes darreres, especialment, són sensacionals. Els Chicharrones són tot una altra cosa que els nostres llardons, una opció més original i un xic més forta. El Ceviche, Tamales i Anticuchos també són molt típics del país. De segon, l'Ají de Gallina és una salsa espessa però no molt forta, cremosa i original, que té molt d'èxit entre la parròquia. També els guisats de conill (Conejo en Salsa de Maní) i de llom (Lomo Saltado) són populars. De peix, una sola opció, un guisat al vapor amb ceba, lleuger i gustós (Pescado Sudado). De postres, és clar, en Rodolfo ens orienta cap als artesanals de la casa, i particularment cap al Suspiro de Limeña, a base de dulce de leches i, si és temporada, els Picarones, moniatos i carabasses fregits i acaramelats per sobre. I per cert, com a aperitiu, una copeta de *pisco-sour*.

EL PATIO LATINO

Martínez de la Rosa 10 (Rius i Taulet) 08012. Metro: Diagonal.
Horari: 10-16 i 20-24. Tancat: Diumenges. Estàndard: Mitjà.

Una família de Lima, a finals del nostre any olímpic, va establir a la nostra ciutat aquest segon local peruà. Marina, amb el seu germà, marit i fills són gent d'inquietuds intel·lectuals, i per això editen la revista «El sol de América» i intenten contribuir a l'activació i vitalitat de la colònia llatinoamericana en general i peruana en particular; amb aquest fi també organitzen, periòdicament, recitals i cantades.

La carta és molt similar a la de l'altre restaurant, curta i suficient, feta amb intencions flexibles, és a dir, variant-la allà on sigui necessari. Vàrem probar uns Tamales sensacionals, delicats, i també podem recomanar les Papas a la Huancaina i, pels més carnívors, els Anticuchos, unes broixetes de carn de cor de vedella: no sigueu aprensius, és una carn perfectament polida i saborosa, i tipiquíssima al Perú. Si ho encarregueu amb temps, us faran una selecció d'aquests entrants que anomenen «Peruano». De segon, els que tenen més sortida són el Conejo en Salsa de Maní, l'Ají de Gallina i el Seco de Cabrito, que també és una mena de guisat. Els amants de la diversitat i les barreges podeu encarregar una «Cordillera», consistent en mitja ració d'Ají de Gallina i mitja de Seco de Cabrito separats per una serralada central d'arròs blanc.

I pels diumenges i festes al matí, un típic desayuno peruano: Chicharrones, Moniato Frito, Tamales i Café Negro, talment com els habituals d'aquell país.

RESTAURANTS COLOMBIANS

INTRODUCCIÓ

A cavall entre el Carib, els Andes i la selva, Colòmbia manté una diversitat de tradicions culinàries derivades de tan variada geografia; certament, en aquest país trobem elements que el vinculen a tradicions tan diverses com Cuba, Perú o Brasil les quals, en ocasions, s'influeixen mútuament i es barregen. En termes generals, s'usen els productes habituals de la zona: patates, iuca, blat de moro; llegums i arròs; el peix a les zones costaneres i als rius; la carn, de vedella sobretot, i a la selva no és inusual el consum d'animals salvatges (tapirs, micos, ocells i, només per paladars exquisits i sibarites, la formiga culona). A la nostra ciutat existeix un restaurantet econòmic on podreu degustar algunes de les especialitats més típiques. A continuació n'enumerem unes quantes:

Arepa: Pa, mena de tortilla mexicana.

Ajiaco: Patates amb un acompanyament a base de crema de llet, blat de moro, ceba, alvocat, tàperes i coriandre.

Sancocho: Sopa de verdures (patates, plàtan verd, blat de moro), amb carn o peix i espècies. Molt típica.

Sobrebarriga: Tripa de vedella amb iuca, plàtan verd, arròs, alvocat i ají.

Muchacho: Carn de vedella farcida amb ceba, pastanaga, cansalada i ous durs, condimentada amb all i herbes i rostida al forn o en una olla.

LA RUANA

Salvà 22 (El Molino) 08004. Metro: Paral·lel.
Horari: 10 matí - 2 nit. Tancat: Dimecres. Estàndard: Econòmic.

Darrera l'aspecte exterior d'un bar econòmic més, aquest petit local del Poble Sec amaga una gran singularitat: ésser l'únic de la ciutat que presenta una carta de cuina colombiana. Leonardo i la seva dona espanyola, auxiliats per una cuinera colombiana, són els responsables d'aquesta proposta, que va ser iniciada l'any 1990.

Com a entrants, la carta ens ofereix amanides, sopes i empanades, però el que més destaca és el Sancocho, una sopa espessa a base de iuca, panotxa, gallina i espècies. Com a plat principal, es recomana la Bandeja Paisa, que consisteix en una combinació equilibrada de diferents elements: carn fregida, aguacate, chicharrones (a la manera sudamericana, i no a la d'aquí), iuca i arròs; de fet, aquesta mena de poupourris és una manera prou habitual de menjar en aquells països. Com a carns hi trobareu també altres opcions: Carne Sudada, que és una mena d'estofat, i Muchacho Sudado, que és una falda de vedella farcida de pastanaga, patata i bacon. Si us agraden els llegums, podeu demanar una ració de frijoles, que són servits a la manera típica de la zona amb arròs i chicharrones. I també serveixen la seva pròpia variant de Tamales. Consignats aquests trets generals, compteu que sovint hi ha opcions i combinacions variables, del dia, (de fet hi ha estipulat un menú diari canviant) i que per tant cal preguntar i deixar-se aconsellar al moment.

Aquest lloc opera també de bar durant tot el dia –d'aquí el seu aspecte–, així que a totes hores hi ha possibilitat de cruspir-se una tapa colombiana.

RESTAURANTS ARGENTINS I URUGUAIANS

INTRODUCCIÓ

Hi ha versions que ho situen amb Pedro de Mendoza, fundador de Santa Maria de los Buenos Aires, a finals del segle XV; d'altres, en canvi, ho posposen fins a mitjans del XVI, amb el viatge del basc Juan de Garay; sigui com sigui, és innegable que l'arribada del primer grup de vaques a les costes del que avui és Argentina i Uruguai ha de ser considerat un fet crucial en la història d'aquells països. La gran producció i consum de carn havia d'esdevenir en segles posteriors una de les seves característiques més conegudes arreu del món: actualment, es calcula que cada argentí o uruguaià n'ingereix una mitjana de 70 quilos l'any, més que a cap altre país del món.

Caldria matisar que aquests trets són bàsicament aplicables a l'Uruguai i al centre de l'Argentina, províncies de Buenos Aires i la Pampa, regions que per les seves característiques de prats i planures han permès el desenvolupament multitudinari dels ramats de vaques; i és cert també que aquesta és la línia gastronòmica que és bàsicament exportada a l'exterior; tanmateix, cal recordar l'existència a l'Argentina d'altres zones que, per circumstàncies geogràfiques i històriques, han desenvolupat tradicions molt diverses: al sud, per exemple, la Patagònia, és important el consum de peix, carn de xai i també caça (ànec, senglar, cèrvol) i s'usen les herbes fresques per a aromatitzar (sàlvia, estragó, marduix, anet,etc.); el nord-est (Corrientes), pròxim al Paraguai i al Brasil, és una zona selvàtica que ha rebut relativament poca influència europea, i on la cuina es basa en peix de riu, caça de selva i verdures com la mandioca, el moniato i el zapallo (mena de carabassa), elaborades en sopes i guisats; al nord-oest, per la seva banda, la Rioja i Tucumán, la cuina s'acosta més a la peruana, amb guisats suculents de gallina i verdures, ús de patates, llegums i blat de moro i una certa generositat amb els condiments (ají, comí, pebre vermell).

Alguns plats són d'ús comú per tot el país, com el Locro (entre sopa i estofat, a base de blat de moro, llegums i trossos de carn), les Empanadas (de farcits diversos, carn, pollastre, verdures, formatge, etc.), el Matambre o els diversos Pucheros. En la dieta argentina també estan sòlidament establertes, aportades pels italians, les pastes i les pizzes.

Els restaurants argentins de Barcelona ofereixen propostes bàsicament iguals en tots els sentits: són establiments d'un estàndard mitjà basats en la cuina de les províncies centrals, és a dir, en la carn, cuita en graella i rostidor, propostes que venen complementades per pizzes, pastes, i alguns entrants. D'aquests darrers, els més característics són:

Matambre: part fina del múscul que envolta el costellam de la vedella, que es condimenta amb all, pebre, ceba, ou dur, i s'enrotlla, es cou i es serveix, fred o calent. Provoleta: Formatge de tipus italià aromatitzat amb orenga i fet a la graella.

Quant a les carns, molts poden preguntar-se quin secret hi ha d'haver en l'elaboració d'una cosa tan simple com un tall de carn a la brasa; tanmateix, n'hi ha diversos, i és un fet que no hi ha gastronomia que ho resolgui de manera tan gustosa, tan perfeccionada, com l'argentina. Depèn de la qualitat de la carn, és clar, també del combustible i control exacte del foc, però sobretot del tall adequat, dels quals n'hi ha tota una varietat. Precisament és aquesta diversitat de talls, conceptes poc coneguts entre nosaltres, els que conformen el nucli bàsic de les cartes. Aquest n'és el vocabulari bàsic:

Bife: Bistec.

Bife de chorizo: Bistec allargat, tallat d'un costat del costellam, conservant una veta de greix que li confereix el seu gust característic.

Asado de tira: Tires del costellam tallades en perpendicular a la costella.

Chorizo: Similar a la nostra botifarra, elaborada amb carn de vaca, picada gruixuda, i espècies.

Churrasco: en realitat, terme general referit a tota mena de carn. Tanmateix, alguns restaurants l'usen per a substituir el terme Entraña.

Entraña: O bé churrasco, com hem dit anteriorment. Part baixa pròxima a l'os del diafragma. S'elabora amb la pell.

Vacío: Part immediatament posterior a l'Entraña, d'un tamany inferior.

Salsicha: Chorizo poc condimentat.

Achuras: Vísceres, menuts (ronyons, pedrers, chinchulines –budell prim).

Remarquem també la diferència entre Parrilla i Asador, la primera de les quals, més coneguda entre nosaltres, es troba a tots els establiments; l'asador, en canvi, només en alguns d'ells i, des del nostre punt de vista és més original: és un concepte de cocció lenta de la carn, herència directa dels gauchos, que crucificaven l'animal a una certa distància del foc, de manera que triga al voltant de quatre hores en quedar a punt.

Esmentem per acabar el toc final que se'ls pot donar a les carns: són les típiques salses Chimichurri (combinat d'herbes i ají, tronc comú a partir del qual cada família, com aquell que diu, elabora la seva variant al gust) i la Parrillera, basada en ceba, tomàquet i herbes. Entre els consumidors de carn hi ha una certa divisió d'opinions: a alguns els agrada el toc realment deliciós d'aquestes salses, mentre que d'altres prefereixen prescindir-ne per tal de copsar en tota la seva força el gust pur de la carn.

EL CHURRASCO

València 324 (Bruc) 08009; T. 458 96 31-458 00 17. Metro: Girona.
Horari: 13'30-16 i 20'30-24. Tancat: Diumenges. Estàndard: Mitjà-Alt.

En ple Eixample, El Churrasco és en l'actualitat el més antic dels restaurants argentins de la nostra ciutat: fundat i dirigit pel bonaerenc Enrique, El Churrasco va obrir les portes l'any 1976, poc després de la ja inexistent Estancia Vieja de la Diagonal: entre tots dos establiments van encetar el camí de les especialitats argentines entre nosaltres. El Churrasco disposa d'una sala per a unes 90 persones ambientada amb objectes propis de la ruralia argentina.

A la seva carta, Enrique ofereix l'assortit clàssic de carns a la parrilla, entre les quals ens és particularment aconsellat el capítol del bou. Però aquell que vulgui aventurar-se en possibilitats més originals també en disposa d'algunes de prou suggerents: sense abandonar les carns, destaquem especialment l'Steak Tartare, el Cabrit al Forn i, en un acostament a la cuina francesa, el petit apartat de carns flambejades, al conyac, rom i whisky. Com a entrants, al costat de les opcions més tradicionals, singularitzaríem la Sopa de Maíz. I de postres, consignem com a un dels èxits de la casa el clàssic Panqueque de Dulce de Leche, però una proposta més original la trobaríem en el Borracho Catamanqueño, elaborat a base de bescuit amb rom, dulce de leche i xocolata.

LOS ASADORES

Príncep d'Astúries 4 (Gala Placídia) 08012;
T. 237 89 07 – 218 99 75. Metro: Fontana. Horari: 13'30-16 i 21-24.
No tanca. Estàndard: Mitjà-Alt.

Aquest és un altre dels pioners (1982) d'entre els d'aquesta secció, local clàssic dirigit per Arnoldo i Isabel, de Buenos Aires, que ja gaudeixen d'una clientela fidel. Parrilla i asador a l'entrada, parets recobertes de fusta i ornamentades amb gravats amb motius argentins.

Hem tastat les carns tradicionals (tira de asado, vacío, etc.) i hem de dir que les nostres experiències sempre han estat satisfactòries. Posats a comentar alguna cosa més original aconsellem la Empanadilla de Humita, que consisteix en pasta fullada farcida d'un combinat de blat de moro tendre, beixamel i un sofregit de ceba, bacon, pebre i ají mòlt. També és prou singular el Timbal de Crepes. Per postres, per què no el Budín de Pan, elaborat a base de pa dur, panses, fruits secs, sucre, licor, ou i llet i tot dintre d'una Tartera acaramelada i finalment posat al forn.

EL CABILDO

Muntaner 138 (Provença) 08036; T. 451 25 11. Metro: Diagonal.
Horari: 13'30-16 i 21-24. No tanca. Estàndard: Mitjà-Alt.

Nota: Restaurant tancat en el moment d'imprimir-se la segona edició.

Establert el 1989 per Rubén i el seu germà Sebastián, argentins, gent ja prestigiosa i bregada en el ram, El Cabildo ha assolit en aquest temps una sòlida reputació. Com tots els del primer grup d'aquesta secció, és un restaurant d'estàndard mitjà i línia clàssica, amb asador i parrilla a l'entrada i una decoració agradable amb reminiscències del tipus de confort propi de les estancias; en aquest cas, de les parets pengen fotos antigues, interessants, d'Argentina, i també algunes de clients famosos. El nom fa referència a les cases consistorials d'aquell país.

D'entre un feix de bones propostes, us recomanem el seu Cochinillo al Asador (dijous, divendres i dissabtes), una carn tendríssima, obtinguda a base d'unes quatre hores de pacient rostit, a la manera tradicional entre els gauchos de la pampa (i per cert, si voleu intentar-ho vosaltres mateixos, podeu adquirir l'artefacte en el que es crucifica l'animal, una «cruz de asador», en aquest mateix restaurant). La Tira de Asado i els Chorizos Criollos, com a opcions més habituals, també estan molt aconseguits. I tot això podeu precedir-ho d'unes bones Empanadillas de Carne.

Disposen d'una sala gran al pis superior, especialment indicada per a grups.

LOS AÑOS LOCOS

Marià Cubí 85 (Aribau) 08006; T. 209 69 15. FFCC: Gràcia.
Horari: 13'30-16 i 21-24. No tanca. Estàndard: Mitjà-Alt.

Amb els mateixos estàndards dels anteriors, aquest restaurant de Sant Gervasi dirigit per Miguel opera exitosament des de l'any 85. Disposa també del sempre estètic conjunt de parrilla i asador a l'entrada que ens condueix a una gran sala per a unes 80 persones.

Ens trobem amb la carta típica, un assortit d'amanides i entrants tradicionals (Matambre, Provoleta, Empanadillas de Carne etc.) i de segon les carns: en aquests casos en què hi ha asador aconsellem d'aprofitar els productes elaborats en aquest singular i excel·lent mitjà de cocció. Com a originalitat heterodoxa, se'ns ofereixen algunes possibilitats de carns amb salsa, versions de receptes franceses no massa freqüents en els argentins i uruguaians: Solomillo a la Pimienta Verde o al Roquefort.

LOS GAUCHOS LATINOS

Laforja 70 (Aribau) 08006; T. 414 39 86. FFCC: Gràcia.
Horari: 13'30-16 i 21-24. Tancat: Diumenges nit.
Estàndard: Mitjà-Alt.

Eduardo i el seu fill Mariano, argentins, i anteriorment a Los Años Locos, decideixen d'establir aquest restaurant pel seu compte l'any 92; en la mateixa línia de l'altre, l'eficient treball d'aquesta gent els ha aconseguit ràpidament una parròquia pròpia. Parrilla i asador a l'entrada; decoració típica d'objectes i quadres amb motius argentins: una sèrie amb la història del mate, una altra dedicada als catorze tangos més populars, etc.

Dintre d'una carta que ens aporta tot el que és habitual en els restaurants argentins-uruguaians, descobrim com a plats estrella l'anomenat Bife Angus i el Solomillo, ambdós talls de peces importades de l'Argentina. Els amants de la pasta us hi podeu arribar un dimarts, que és el dia de les pastes casolanes (ravioli, tortellini, fideus, etc.); el dijous, per altra banda, és el dia setmanal de Puchero Argentino. Entre els plats més demanats, estem en condicions de donar fe de la qualitat dels Churrasco, Asado de tira i Chorizo. I, de postres, el Crepe de Dulce de Leche per a qui li agradi el dolç o, si voleu l'especialitat de la casa, el Panqueque Los Gauchos, una crepe de poma i caramel flambejada al rom.

LAS CUARTETAS

Santaló 73 (Via Augusta) 08021; T. 201 79 34. FFCC: Muntaner.
Horari: 12-16 i 20-24. Tancat: Dilluns. Estàndard: Mitjà-Alt.

Sota el nom de Las Cuartetas, homònim d'una antiga pizzeria de Buenos Aires i que fa referència a les peces de paper amb què s'agafen les pizzes dividides a trossos, Oscar, Mario i Jorge van establir aquest restaurant l'any 1987. Aquesta gent ja eren coneguts per la seva trajectòria a la Sandvitxeria-Croissanteria «El Ceibo», Mallorca cantonada Pau Claris, actualment en mans d'altres propietaris. Decoració amb objectes argentins, parrilla i asador a l'entrada, estàndards mitjans com els d'aquest primer bloc. Jorge a la cuina i Mario i Oscar al menjador. Carta amb les típiques seccions, entrants freds, entrants calents, pizzes i carns. Se'ns recomana el tradicional Matambre d'entre els primers: una làmina de carn (la que va enganxada a les costelles), condimentada amb all, pebre, ceba, ou dur i ají mòlt, cuita, tallada a rodanxes i servida freda.

Aquesta gent té obert un altre local, en el qual la base són les pizzes; no hi ha carns, però entre els entrants sí que hi trobareu algunes especialitats argentines. L'adreça és: Pizzeria El Austral, Cartagena 204 (cantonada València), T. 232 06 05.

LA RUEDA

Rosselló 266 (Girona) 08037; T. 458 53 50-207 31 63.
Metro: Verdaguer.

LA CARRETA

Balmes 358 (Gral. Mitre) 08006; T. 418 57 84. FFCC: Pàdua.
Horari: 13'30-16 i 21-24. Estàndard: Mitjà.

Aquests dos restaurants són propietat del mateix matrimoni uruguaià i responen a trets similars: restaurants clàssics de gran capacitat –uns 150 La Rueda i per sobre dels 200 La Carreta– en unes sales ornamentades per un generós assortit de la iconografia típica i folklòrica d'Uruguai i Argentina. La Rueda (1984) i La Carreta (1988) –el nom d'aquesta darrera respon a un conegut monument de Montevideo– són avui en dia uns establiments ben assentats a la nostra ciutat.

Parrilla i asador a l'entrada, ens presenten una carta àmplia –la mateixa a un i altre lloc–, tal i com correspon a uns restaurants de les seves característiques, amb molt de moviment. Al marge de les clàssiques carns – compteu que aquí sempre hi ha alguna possibilitat a l'asador!–, i buscant algunes opcions més singulars i artesanals, seleccionem les Tartas Caseras (variants de tonyina, porro, blat de moro o pollastre), els Canelons, i les propostes d'espinacs com a algunes de les especialitats més exitoses, que poden usar-se per a sustituir la carn o per a precedir-la; de postres originals, esmentem el Zapallo (carbassa) en Almívar. Notem també algunes incorporacions de la nostra cuina. I també podeu comptar amb una dilatada oferta de vins.

VIEJA TABERNA

Benet i Mercader 12 (Pça. Llibertat) 08012; T. 415 81 88-415 97 62.
Metro: Fontana. Horari: 9'30-16 i 20'30-24.
Tancat: Diumenges nit i Dilluns.
Estàndard: Mitjà.

Aquest petit restaurant, de línia més senzilla que els anteriors, i regentat familiarment, va ser establert (1990) per l'uruguaià Alvaro, un home que ja havia acumulat experiència en algun dels grans del sector.

El gruix de la carta consisteix en les propostes habituals de carn a la graella: les diverses vegades que hi hem anat n'hem sortit ben satisfets. També ens va agradar la clàssica Provoleta, però si voleu alguna cosa de més original, podeu demanar les anomenades Tartas Caseras, en les seves variants de porro, tonyina o blat de moro, una mena d'empanades gallegues fetes amb pasta fullada. Arribats a les postres, totes artesanals, se'ns fa notori el gran protagonisme del dulce de leche, ja sigui pel seu compte o farcint una crepe, acompanyant un flam, etc.

Si sou a Gràcia i us ve de gust un bon tall de carn en un ambient senzill i sense grans pretensions aquest restaurantet és decididament una opció a tenir en compte.

EL PARAGUAYO

Parc 1 (darrera Govern Militar) 08002; T. 302 14 41-317 15 65.
Metro: Drassanes. Horari: 13-16 i 20-1. Tancat: Dilluns no festius.
Estàndard: Mitjà.

A nosaltres ens agrada molt aquest restaurant a la vora del Passeig de Colom, l'ambient del qual s'aparta de les línies clàssiques. Tres bons amics, Lilian, Lalo i Juan (aquest és paraguaià, i única raó del nom del restaurant) decideixen el 1976, empesos pels frescos i animosos vents de l'època, associar-se per endegar aquest local; la seva atmosfera saludable i amable ha fet que aquest projecte de joves durés fins avui, en què és un dels argentins-uruguaians més antics i amb un caràcter més personal.

Tenen molta cura d'elaborar artesanalment tots els seus productes: notem-ho especialment en l'apartat de les pastes (ravioli, lasagna, etc.). Per altra banda, la ideologia de la casa es projecta també en una creixent recerca de productes criats ecològicament: per exemple, l'alimentació de les mateixes vedelles, les quals han de tenir, a l'hora de la matança, entre 7 i 11 mesos. Les especialitats de Solomillo i de Bife de Chorizo són elaborades amb talls importats d'Uruguai i d'Argentina respectivament. Destaquem també un bon assortit d'amanides. Per postres, sempre casolanes, ofereixen la possibilitat de sucs de fruita exòtics: alguns d'ells, els més originals (guanabama, lulo, etc.) aconseguits a partir de polpa congelada arribada des de Colòmbia.

I si ho voleu a casa, servei a domicili les 24 hores del dia.

EL CHALET DE IRMA

Sicília 263 (Rosselló) 08025; T. 459 38 60. Metro: Sagrada Família.
Horari: 13-16 i 21-24. No tanca. Estàndard: Mitjà-Alt.

Aquest és un altre dels nostres favorits, encara que per raons diferents de l'anterior. Aquí ens agrada l'ambientació suau promoguda per l'uruguaià Felipe i la seva dona, la catalana Maria José: uns pocs quadres d'artistes uruguaians moderns pengen de les parets, que no són referències identificables, almenys per a un profà, amb aquell país ultramarí. Felipe ens explica que el seu restaurant porta el subtítol de Cocina Montevideana per remarcar la diferència de matís d'aquesta proposta de caire urbà amb les dels clàssics, que adopten en la seva decoració la iconografia rural i més coneguda dels gauchos. El seu nom de chalet deriva del fet que Montevideo és una ciutat amb moltes construccions d'aquests tipus.

En el terreny del menjar comptem, de principi, amb tot el que és habitual en carns i entrants. Buscant la peculiaritat descobrim unes que són pastes senzillament excel·lents: Agnelotes o Canelons recoberts d'unes salses molt delicades, ben reeixides; també l'anomenada Tarta Pascualina (un pastís fullat de verdures). De segon, els amants de les pizzes poden apuntar-se a les originals Pizzes a la Pala, una variant només trobable en algunes parts de l'Uruguai, unes pizzes allargades (metro i mig) que se serveixen a trossos i la confecció de les quals requereix gran habilitat. Com a especialitat singular de carn descobrim el Chivito, un filet fregit, amb bacon i pernil dolç, i gratinat amb mozarella.

Si voleu, també fan menjar per a emportar-se'n a casa.

EL OMBÚ

València 329 (Girona) 08009; T. 457 00 11. Metro: Verdaguer.
Horari: 13-15'15 i 20'30-23'15. Tancat: Diumenges.
Estàndard: Mitjà. Menú: 1.175 pts.

L'ombú és una herba típica de l'Argentina i l'Uruguai, que quan creix adquireix aspecte d'arbre, i que és referència clàssica del paisatge d'aquests països, reflectit en obres com el Martín Fierro. Així ens explica Rolando Álvarez, el propietari, la denominació del seu restaurant de l'Eixample. En Rolando compta en el seu curriculum familiar amb el Rincón Argentino, un dels primers i més populars restaurants argentins –ja tancat– que havia estat regentat pels seus pares a la zona del Poble Sec. L'entrada de l'Ombú té un aire de bar corrent, però a l'interior ens trobem amb un parell de sales que responen més a l'estètica pròpia dels restaurants argentins.

Les carns de la carta són fetes a la graella i també hi ha pizzes. Com a opcions singulars destaquem entre els entrants el Locro de Maíz (un tipus de potatge) i les Empanadillas de Carne; i també el Timbal de Panqueques (pernil-tonyina-tomàquet-ensaladilla-enciam). Com a segon tenim evidentment les carns; si algun dels acompanyants no és carnívor, en Rolando els ho solucionarà amb un llenguado. Per postres, descobrim el Dulce de Leche infiltrat en un ventall d'opcions, i també un Budín de Pan que no es troba a tot arreu; però a nosaltres ens diverteix el nom de Vigilante, una senzilla opció de formatge i Dulce de Batata.

LA MILONGA

Aragó 155 (Villarroel) 08011; T. 323 60 19. Metro: Urgell.
Horari: 13'30-16 i 21-24. Tancat: Diumenges nit i Dilluns.
Estàndard: Mitjà.

De nom musical, aquest és un petit restaurant que, fundat per Martín l'any 86, s'ha centrat en les especialitats més convencionals de la cuina argentina. Aquesta sala senzilla i polida per a unes 50 persones, decorada amb fotografies relacionades majoritàriament amb tangos (fins i tot n'hi ha un de l'època dedicat a en Samitier!) és un marc agradable per a un àpat.

Un uruguaià us prepararà a la graella les clàssiques carns: les que més sortida tenen son les Tiras de Asado, Churrascos, etc.; i aquestes les podeu fer precedir dels corresponents Matambre, Provoleta, etc. Disposen d'algunes incursions de cuina no-argentina, com ara les especialitats de pollastre a la llimona o a l'orenga i, en més refinat, les Ancas de Rana i Steak Tartare. Prosseguint en la línia heterodoxa, diguem que ofereixen també un apartat de torrades amb embotits. Si us convé, també preparen menjars per a emportar-se i a domicili.

LAS DOS QUERENCIAS

Espronceda 96 (Pujades) 08005; T. 308 57 59. Metro: Poble Nou.
Horari: 8 matí - 1 nit. No tanca. Estàndard: Mitjà. Menú: 975 pts.

Un gallec criat a Uruguai i establert de fa vint anys a Barcelona, un home que conserva encara l'accent d'aquell país ultramarí i que, com el poema de Víctor Lima, té «dos querencias»: Uruguai i Catalunya. És Luís Carral, propietari d'aquest restaurant d'estil argentí-uruguaià del Poble Nou. Establert el 1989, presenta una entrada de bar corrent, mentre que al fons hi ha una sala per a unes 100 persones, en la que el mostrador de carns i operacions és a la vista del públic.

Les carns fetes a la graella, les habituals. Entre els entrants, a més dels més comuns, alguna singularitat: un Cóctel de Pollastre i Poma i uns Canelons, un embolcall de pasta de crepe farcit de pollastre i espinacs. Complementant les propostes argentino-uruguaianes, algunes possibilitats que s'escapen d'aquest camp: embotits, formatges, escalivada, pizzes a la italiana. Una opció olímpica.

RESTAURANTS AMERICANS (EUA)

INTRODUCCIÓ

Tot és qüestió de prioritats, i l'esperit nord-americà està bastit més sobre la preocupació puritana de treballar i guanyar-se la vida que no pas en viure-la; per això apareix l'hamburguesa, ràpida i senzilla, banal i secundària, com a emblema d'una cultura finalment iniciada per uns colons i cowboys de vides insegures en terres estranyes i sovint hostils. Quina mena de tradició gastronòmica havia d'encetar aquella gent audaç i amenaçada, més enllà de la simplicitat de l'olla i la brasa? I tanmateix, i dit això, seria injust i inexacte d'afirmar que tota l'alimentació d'aquell melting pot dinàmic que són els Estats Units d'Amèrica es recolza únicament sobre aquest vilipendiat producte, i més encara sobre la variant que d'ell en despatxen les grans cadenes hamburgueseres que envaeixen els carrers del planeta, variant asèptica que no té més secret ni objectiu que la recerca del màxim nombre de clients possible. Per bé que curta, a Amèrica ja hi ha una història, conformada per gents diverses que han anat aterrant per la seva àmplia i variada geografia i que s'han entrecreuat, o no, però que en tot cas han fet cristal·litzar tot un ventall de possibilitats, matisos i mestissatges de la pròpia tradició original, i això és el que podríem qualificar, aproximadament, de gastronomia americana.

I abans d'aquest període, el de l'esmentat flux d'immigrants, cal recordar l'existència de les cuines dels habitants originals del continent, els indis, cuines diferents segons els pobles, sovint basades en carns de caça o en peix, si habitaven a les zones costaneres, i les corresponents verdures; d'aquella època encara es conserven algu-

nes receptes, com ara el Clambake, que és un plat de peix, marisc i blat de moro, alternat amb capes d'algues, i que es cou sobre pedres escalfades amb llenya; i com el Succotash, barreja de mongetes i blat de moro, acompanyades normalment de carn; molts dels ingredients usats per aquella gent són avui en dia impossibles, com ara la carn de bisont o bé el greix d'ós, utilitzat per a coure i rostir els aliments.

Les personalitats, geografies i històries particulars de les diferents zones del país queden reflectides en un grapat de propostes gastronòmiques singulars: al nord-est, per exemple, es posa un cert èmfasi en la cuina del peix, de la qual el plat més reputat és el Clam Chowder (Sopa de mariscs); també són famoses d'aquesta zona l'Amanida Waldorf (poma, api i nous picades amb maionesa) i les Baked Beans (mongetes estofades amb ceba i melassa); al sud, el famós Fried Chicken, pollastre marinat i fregit; el Virginia Ham, pernil de Virgínia, del que la reina Victòria n'era una fan, peces de porcs alimentats amb cacauets i blat de moro, fumats durant 6 setmanes i cuits al forn amb mel i vi; i una cuina de menuts, creada pels negres a partir de la seva situació tradicional de pobresa; en l'estat de Luisiana en concret, bressol de la cuina criolla, la seva peculiar història amb influències francesa, espanyola i africana ha produït dos plats cèlebres: el Gumbo, sopa de carn, mariscs i espècies, i el Jambalaya, mena de paella amb tomàquets, gambes, ostres, salsitxes i pollastre; el Midwest, l'oest mitjà, és la zona més emblemàtica dels colons i cowboys que esmentàvem al principi: en aquesta zona són uns grans consumidors de patates (Idaho és l'estat rei d'aquest tubèrcul) i de carns roges a la brasa (las reses, los cuatreros, els vaqueros amb els seus solitaris focs nocturns, un poco de café, amigo, unos acres de tierra para un rancho i tot això); hi ha un plat molt popular, les costelles de porc (Spareribs) amb salsa de barbacoa, a la brasa, i caramelitzat, un toc dolç; i també les famoses pizzes de Chicago, variant més gruixuda de la italiana; al sud-oest, es dóna la fusió amb la cuina mexicana, coneguda amb el nom de TexMex, famosa en plats com el Chili con Carne, i amb la incorporació de frijoles, tortillas, etc.; i a l'oest, la cuina californiana, possiblement la més sofisticada, amb una gran abundància de peix i verdures i amb invents com el Chop Suey, concretat pels treballadors xinesos que van construir els primers ferrocarrils d'aquell estat. Diguem finalment que, per influència dels pobles an-

glosaxons i germànics, majoritaris immigrants, els pastissos són molt apreciats en tot el país: destaquem com a molt característiques les variants de xocolata, de formatge i de nous.

A la nostra ciutat tenim quatre establiments que es defineixen com a restaurants americans i que, decorats amb les iconografies emblemàtiques de cinema, cotxes, bàsquet, etc. ofereixen el seu caliu singular; les cartes segueixen presidides per hamburgueses i pizzes, i completades per plats com les costelles de porc, amanides típiques, chili con carne, etc. Sense cap mena de dubte, són els llocs idonis per a cruspir-se aquestes especialitats: encara que de vegades costi de creure, fins i tot el senzill bistec de carn picada, en el lloc i el moment adequat, pot tenir les seves intensitats i el seu caràcter peculiar, el seu glamour ètnic.

THE CHICAGO PIZZA PIE FACTORY

Provença 300 (Pg. Gràcia) 08008; T. 215 94 15. Metro: Diagonal.
Horari: 12'30 matí - 1 nit. No tanca. Estàndard: Mitjà.
Menú: 1.250 pts.

Com un Luther King qualsevol, en Bob Payton revela el següent: «El 1975, vaig tenir un somni». I segueix: «el 1977 el vaig fer realitat: vaig obrir el Chicago Pizza Pie Factory (bé, aquí ja s'aparta una mica de l'ona d'en Luther King), «perquè a la meva ciutat natal es menjava una gran pizza». Alguns anys després, segons que diu orgullosament, el seu somni ja havia cristal·litzat en més de 4 milions de pizzes venudes, algunes d'elles destinades a engreixar estómacs tan selectes com el de l'alcalde de la ciutat, els dels components dels Bulls i de l'Orquestra Simfònica de Chicago. Amb aquesta proclama a la carta, ¿qui pot dubtar que entrar en aquest establiment és posar un peu a Amèrica?. I si en voleu més, llegiu l'apartat en què se us demana que si us plau no porteu el barret posat al restaurant o bé, una mica més avall, on no es dubta a assegurar que el local està condicionat i preparat pels calurosos estius i els gèlids i nevats hiverns de Chicago. Yeah, man, this is America. Però és que d'això es tracta, no?

Obert el 1983. Una gran sala per a unes 160 persones, on el vermell domina una decoració basada íntegrament en motius de la ciutat titular: noms de carrers, pòsters, fotografies. Una atmosfera informal i amable; i una carta amb un eix clar, les pizzes de Chicago, que són servides en tamany mitjà o gran, i entre les que destaquen, com a especialitats, la de salsitxa i formatge i l'anomenada Todo Menos el Molde, a base de salsitxa, xoriço, xampinyons, ceba, pebrots verds i olives. També les fan a gust de cadascú, amb els ingredients que un vulgui, i penseu a més que aquestes pizzes són més grans i gruixudes que les habituals italianes. A més, teniu un petit assortit d'amanides i alguns altres plats, com el popular Chili con Carne. Per postres, l'estrella és el tradicional Cheesecake. Hi ha còctels i cervesa americana. «Happy hour» (begudes a meitat de preu) de 18 a 21. Preparen menjar per a emportar-se'l. I tenen un menú per nens.

HENRY J. BEANS

Granada del Penedès 14-16 (Gala Placídia) 08009;
T. 218 29 98-218 40 40. Metro i FFCC: Diagonal i Gràcia.
Horari: 12'30-1. No tanca. Estàndard: Mitjà. Menú: 1.250 pts.

Henry J. Beans but his friends all call him Hank Bar and Grill és el nom sencer d'aquest establiment, registrat al Llibre Guinness com el més llarg del món per a un restaurant; es tracta del segon somni de l'inefable Payton, així que pertany al mateix grup que l'anterior. L'estil presenta unes certes similituds: la decoració informal a base de cartells i plaques –aquest cop amb motius clàssics americans, cotxes, artistes, etc.– posada amb bon gust en el seu estil, un servei amable amb recepcionista inclòs, ben a l'americana, i algunes perles literàries a la carta: «Henry J.'s Private Stock Chili, esta receta es privada, Henry sólo la prepara para sus amigos» (!!!!) o bé «Henry J.'s Burgers, Henry ha estado trabajando en esas 6 onzas de perfección durante años...»

La gran especialitat de la casa són les hamburgueses, així que el Henry's se situa com el lloc apropiat per a cruspir-se una versió autèntica d'aquesta opció tan simple com estesa i maltractada: al Henry's us oferiran bons materials, cura en la preparació, quantitats generoses i una presentació atractiva. I podeu completar-ho amb una Bud o una Coca Cola, és clar. Altrament, són també famoses les Costelles a la Barbacoa, de porc, molt ben cuites i marinades amb una salsa peculiar que inclou un toc final de mel; també teniu pizzes –és clar, a l'estil del Chicago– i el tradicional Pollastre fregit. Com a entrants, hi ha uns Xampinyons Arrebossats dels que estan particularment orgullosos i un parell de versions de Nachos. També Amanides i pa d'all. Deixeu lloc per a les postres, perquè l'estrella de la casa, el clàssic Pecan Pie, a base de nous i amb nata i mel, us el requerirà.

TAFS

Pg. Gràcia 81 (Provença) 08008; T. 487 99 14. Metro: Diagonal.
Horari: 9-1. No tanca. Estàndard: Mitjà.

Tafs, The American Food Suppliers, obert a finals del 92, és l'únic restaurant d'aquesta secció que no està integrat en cap cadena; és l'opció independent d'un grup de gent ja coneixedora del sector. Intentem polir alguns detalls que el caràcter homogeneïtzador de les cadenes multinacionals no permet, ens comenta Txema el director, com ara el fet de fer la carta en català, per dir un exemple clar i senzill. És una sala de gran capacitat (al voltant d'unes 140 persones) i decorada amb els clàssics de la iconografia nord-americana agrupats temàticament en diferents racons: actors, cotxes, bàsquet, música. I la seva ubicació perfecta, oberta a una de les voreres més transitades de la ciutat, la converteix en una proposta fàcil d'acceptar. No costa gens de decidir-se a entrar a fer-hi un mos.

La carta no és llarga, una quinzena de plats, cuinats, i en això insisteixen molt, segons les receptes originals. Resulta divertit de saber l'estat d'on prové cada plat, consignat entre parèntesi al costat de cada opció. Així, per exemple, ens assabentem que les hamburgueses estan elaborades segons la recepta original de Missouri. O que un dels plats estrella de la casa, el Buffalo Wings and Honolulu Ribs és la suma d'una famosa recepta de pollastre d'un restaurant de Buffalo (Chicken Wings, pollastre) amb unes costelles de porc fetes a la manera hawaiana. Una altra de les especialitats de la casa és l'anomenat Old Fashioned Coleslaw, una amanida a base de col blanca, pastanaga i pebrot verd, amb bacon i salsa, que és original de Connecticut i, tal com diu l'enunciat, cuinada a la manera antiga. També és molt recomanable la seva preparació del tradicional pa d'all. Tot això ho podeu acompanyar d'una de les clàssiques salses, sense les quals resultaria difícil de concebir un àpat americà: ketchup, mostassa, salsa de barbacoa, salsa picant de Buffalo, salsa marró HP o tabasco. De postres, dues especialitats clàssiques: el Brownie's i el Marble Chocolate Cheesecake.

HOLLYWOOD

Diagonal 493 (Francesc Macià) 08029; T. 405 34 87.
Metro: Hospital Clínic. Horari: 13 matí - 1 nit. No tanca.
Estàndard: Mitjà. Menú: 1.300 pts.

Situat a la part alta de la ciutat, el Hollywood és la representació barcelonesa d'una cadena americana que ja gaudeix d'una forta implantació a Madrid (12 establiments). Aquest restaurant, obert fa uns cinc anys, presenta un espai per a unes 130 persones, dividit en dos pisos i decorat, tal i com suggereix el nom, amb motius cinematogràfics.

Trobem una carta prou completa, clarament estructurada en sis seccions, postres apart: Entrants, TexMex, Premiere Dinners, Lo Calorie Suggestions, Burgers i Sandwiches. Remarquem la mitja dotzena de propostes de TexMex, com ara Nachos, Quesadillas o Burritos. L'epígraf Hollywood Premiere Dinners engloba les especialitats de la casa, sempre plats forts a base de carns. Interessant el Lo Calorie, baix en calories, amb les seves propostes d'amanides o l'hamburguesa amb pinya. Els devots de les hamburgueses tenen en aquest restaurant un apartat considerable, una quinzena de propostes de 100 o de 200 grams entre les quals se n'inclouen algunes d'exòtiques com ara les servides amb pinya o amb curry.

Algunes altres possibilitats, com ara una petita carta de Dogs (Hot Dogs i altres variants), un menú per nens, algunes ofertes puntuals per a picar, etc. completen l'oferta d'aquest establiment.

RESTAURANTS BRASILERS

INTRODUCCIÓ

Les diverses cuines brasileres s'han anat constituint a partir de tres elements bàsics: els substrats indígenes, les aportacions portugueses i les aportacions africanes. Precisament són aquestes darreres les que, en general, els donen un toc característic i diferenciat de les dels països hispano-parlants, ja que les influències dels portuguesos varen ser molt similars a les dels espanyols: vaques, porcs i conseqüentment llard per a fregir, pollastre, arròs, etc. Els africans varen introduir un regust per les espècies, i molt especialment pel picant, que no trobem en cap altre país proper. A causa del tamany i de la variada geografia del país, trobem tipus de cuina molt diversos: en la de Bahia, una de les més esteses, hi predomina el peix, i els bitxos, coco i coriandre com a condiments; a la zona de Mineira es menja molt de porc, verdures i Tutu (frijoles fregits i farina de mandioca); la Gaucha, la regió de río Grande, és una de les més carnívores del món, homologable amb la veïna zona central argentina i l'Uruguai; a la selva i a les muntanyes, per la seva banda, segueixen imposant-se bàsicament les seves tradicionals cuines de subsistència. Com a trets comuns de tot el país podem esmentar el consum de vedella, pollastre, arròs i frijoles. Aquests darrers són la base de la tradicional Feijoada, possiblement el plat més conegut del Brasil, consistent en un estofat de porc, salsitxa i carn fumada, que pot portar arròs, farina de mandioca, col, etc.

A la nostra ciutat hi ha molt poques possibilitats d'acostar-se a la gastronomia brasilera: en realitat, aquestes es limiten a uns pocs plats que ofereix un restaurant tres dies a la setmana, ja que en els altres dos establiments l'única cosa brassilenya és el típic sistema d'estructurar l'àpat, el qual s'anomena Rodizio.

PORTO MAR

Josep Anselm Clavé 19 (Govern Militar) 08008; T. 301 82 27.
Metro: Drassanes. Horari: per menjar brasiler, només dijous, divendres i dissabte de 21-2. Estàndard: Moderat.

Una agradable sorpresa, l'única possibilitat de menjar brasiler a la ciutat, i això que la colònia d'aquest país està formada per alguns milers de persones. L'any 89, el portuguès Jose Rodrigues decideix obrir aquest restaurant, que és bàsicament de cuina nacional, però que els dijous, divendres i dissabtes al vespre es transmuta en brasiler, no només en el menjar, sinó també per l'ambient i la música en directe.

La carta de plats típics consta de vuit propostes, de les quals quatre són de tipus tapa i la resta plats principals. Entre els primers s'ofereix el Frango a Passarinho (una mena de pollastre a l'ajillo sense flambejar), Cochinha de Frango (com un bunyol de pollastre en forma de pera, suavíssim, amb farina torrada i mantega), Bolinho de Bacalhau (Bunyols de bacallà, fets amb pasta de patata), Torresno (Bacon torrat en un sofregit amb curry en pols); entre els segons, Carne Asada (vedella a la planxa, prèviament adobada durant 4 dies en vi, pebre vermell, canyella i taronja); Peixe a brasileira (amb una salsa a base de vi, crema de llet i coco), Strogonofe de Frango (Pollastre guisat amb xampinyons, blat de moro i crema de llet) i la clàssica Feijoada. Propostes molt originals a la nostra ciutat i ben resoltes, i en un ambient informal, molt agradable.

CONDUCTA EJEMPLAR

Consell de Cent 403 (Bailèn) 08009; T. 265 51 12.
Metro: Girona.

HEMISFERIO SUR

Pg. Gràcia 21 (Diputació) 08007; T. 488 12 82. Metro: Pg. Gràcia.
Horari: 13-16 i 20'30-1. Tancats: Diumenges. Estàndard: Mitjà.

Amb el subtítol de Rodizio se'ns ofereixen aquests dos restaurants germans, els quals han fet d'aquesta peculiaritat brasilera la seva marca personal. El Rodizio és un sistema d'estructurar l'àpat, i no pas el menjar pròpiament dit: en concret, aquests casos que ens ocupen no pretenen ser restaurants de gastronomia brasilera –certament, no s'ofereix menjar típic d'aquell país– sinó proposar una manera de menjar divertida i original.

El Rodizio consisteix en un àpat a preu fet, postres i begudes apart. Com a entrant s'hi disposa un buffet lliure d'amanides que poden variar lleugerament de dia en dia (amanides de salmó, russa, de poma,...), musclos amb picadillo, pernil, embotits, ulls d'enciam amb anxoves, etc.; el gruix de l'àpat són les carns: dotze tipus de carns diferents (butifarra, xoriço, pollastre, gall dindi amb bacon, vedella, matambre argentí, etc) que clavades en les seves espases van donant voltes incansablement a la sala de la mà d'uns cambrers que es van aturant a requeriment dels comensals fins que aquests ja no poden dir Papitu. Qui sigui de vida, doncs, ja sap on ha d'anar.

Com que els propietaris també són anticuaris, els dos locals estan decorats amb algunes peces molt interessants; es més estèticament atractiu i acollidor, per les característiques de forma i volums del local, el de Conducta Ejemplar. Són un bon lloc per a fer menjars de gresca, molt especialment indicats per grups.

RECEPTARI

Totes les receptes estan calculades per a 4 persones.

1 cullerada = cullera de sopa
1 culleradeta = cullera de postres

En aquest tipus de receptes, la primera dificultat sol consistir a localitzar els ingredients més inusuals. En els casos que oferim, els podeu trobar tots a la nostra ciutat: per tota mena d'herbes i moltes espècies podeu recórrer als herbolaris clàssics; per fruites i verdures exòtiques, al Mercat de la Boqueria, especialment les grans parades de l'entrada; i, per tota mena de productes (llaunes, pastes, salses, etc. i també algunes fruites i verdures) a les botigues especialitzades. A continuació us donem algunes adreces d'aquestes darreres:

– ***Sabri,*** *Sant Pau 13 - 08001, T. 317 83 26-317 21 25.*
– ***Disdarin,*** *Princesa 14 - 08003, T. 268 43 16.*
– ***Soley,*** *Mercat de la Boqueria, parades 509, 510 i 511, entrant a mà esquerra, T. 317 71 17-317 03 29; i també Hospital 35 - 08001, T. 317 03 85.*
– ***Euroasian foods,*** *Sant Pau 32 (oriental).*
– ***Extremo Oriente,*** *Balmes, 6 - 08007, T. 301 25 87 (xinès).*
– ***Tokio-Ya,*** *Avda. Roma 53 - 08029, T. 439 30 40 (japonès).*
–***El Corte Inglés.***

Aquestes receptes són fidels a les originals. Tanmateix, en algun cas hem hagut de substituir ingredients introbables (tipus peculiars de bitxos, per exemple) per adaptacions. Cal tenir en compte també que la majoria d'aquestes receptes són clàssiques i tenen diverses variants, la qual cosa vol dir que d'altres fonts poden oferir-ne composicions diferents.

POLLASTRE TANDOORI (Índia-Pakistan)

1 pollastre petit (1 quilo aprox.)
1 iogurt
1 gra d'all
1 culleradeta de comí mòlt
1 culleradeta de coriandre mòlt
1 culleradeta de pebre vermell
1 culleradeta de Garam Massala

Per elaborar aquest plat de manera autèntica necessitaríem un Tandoor, forn tradicional indi de terra cuita on l'escalfor és tan intensa que el pollastre queda cuit en molt poca estona.

No disposant d'aquest aparell, podem aconseguir bons resultats en un forn convencional, en un ast o en una barbacoa. Aquest és el procés a seguir:

Talleu el pollastre a quarters, treieu-li la pell i, amb un ganivet ben esmolat, feu unes quantes incisions a la carn.

En un recipient, aixafeu l'all i afegiu-hi el iogurt ben batut, les espècies i sal al gust. Deixeu el pollastre marinant en aquesta salsa durant almenys tres o quatre hores –si és tota la nit, millor– i, després d'això, ja el tindreu a punt per a introduir-lo al forn.

Per donar-li el seu to vermellós característic heu d'afegir colorant vermell a la salsa on marineu el pollastre.

Chapatis i una bona amanida són acompanyaments ideals.

CURRY DE PATATES (Índia-Pakistan)

1/2 kg. de patates
1 culleradeta de Panch Phora (Barreja de cinc espècies en les següents proporcions: 2 parts de mostassa negra, 2 parts de comí negre, 2 parts de comí, 1 part de fenigrec, 1 part de fonoll)
1 ceba
1 culleradeta de menta o coriandre fresc
1 culleradeta de cúrcuma
7'5 cl. d'aigua calenta
1 culleradeta de Garam Massala
1 culleradeta de suc de llimona
1 bitxo (opcional)

Peleu les patates i talleu-les en cubs d'aproximadament 1 cm. i mig. En una cassola de fons gruixut, escalfeu oli i poseu-hi el Panch Phora. Quan les llavors de la mostassa comencin a saltar, afegiu-hi la ceba i, quan comenci a daurar-se, les herbes, la cúrcuma i la sal (i també el bitxo picat si és el cas), i les patates.

Doneu-li unes voltes amb l'espàtula abans d'afegir-hi l'aigua. Tapeu la cassola i deixeu que cogui a foc lent durant uns quinze minuts.

Afegiu-hi el Garam Massala i el suc de llimona, deixeu-ho coure un parell de minuts més, i ja estarà llest per servir.

DHAL (Índia-Pakistan)

1 got (tamany d'aigua) de llenties
1 ceba
1 gra d'all
1 culleradeta de gingebre picat
1/2 culleradeta de cúrcuma
2 gots i mig d'aigua
1 culleradeta de Garam Massala
1 bitxo (opcional)

Qualsevol tipus de llenties pot ser usat per a elaborar aquest plat, però les Masoor són les ideals perquè no necessiten estar en remull. Són de color taronja, i es poden trobar en comerços especialitzats com a «llenties pelades».

Renteu les llenties i escorreu-les bé.

Escalfeu oli en una cassola i fregiu la ceba, l'all i el gingebre fins que la ceba comenci a daurar-se. Afegiu-hi la cúrcuma (i el bitxo, si es vol picant), i al cap d'un minut les llenties.

Mescleu-ho tot bé i a continuació afegiu-hi l'aigua. Espereu que bulli i deixeu-ho coure, tapat, i a foc lent durant uns vint minuts. Afegiu-hi la sal, el Garam Massala, i deixeu que cogui uns vint minuts més fins a aconseguir la consistència d'un puré (si veieu que us queda massa líquid, acabeu la cocció sense tapa per tal d'accelerar l'evaporació de l'aigua). S'acompanya d'arròs bullit o chapatis.

CHAPATI (Índia-Pakistan)

3 tasses (tamany de cafè) de farina (integral i blanca a parts iguals).
1 tassa (tamany de cafè) d'aigua tèbia.
1 raget d'oli (o mantega)

En un recipient barregem la farina amb la sal i l'oli o la mantega. Afegiu l'aigua, tota de cop, i barregeu-ho tot bé fins a aconseguir una massa elàstica però no rígida.

Treballeu la pasta amb les mans durant uns 10 minuts i deixeu reposar la bola resultant durant un parell d'hores, embolicada en un drap humit.

Feu-ne 4 boles, que heu d'estendre amb l'ajut del corró i una mica de farina per tal de donar-los la seva forma característica, rodons i ben fins.

Escalfeu una paella gruixuda i coeu els chapatis, sense oli, aproximadament un minut per cada banda.

GARAM MASSALA (Índia-Pakistan)

2 cullerades de coriandre
1 cullerada de comí
1/2 cullerada de pebre negre
1 cullerada de cardamom
1 barreta de canyella (aprox. 3 cm.)
2 claus
1 culleradeta de nou moscada

Hi ha moltes versions d'aquesta mescla d'espècies. Feta amb llavors de qualitat i guardades en un pot de vidre en un lloc sec i fresc conservarà la seva fragància durant mesos.

En una paella gruixuda, sense oli, rostiu separadament totes les llavors fins que comencin a deixar sentir la seva fragància (després de rostir el cardamom, useu solament les boletes que hi ha a l'interior de la llavor). En un morter aixafeu bé totes les llavors i afegiu-hi la nou moscada.

SATE (Indonèsia-Malàisia)

400 grams de pollastre
1 ceba picada
1 culleradeta de gingebre picat
2 culleradetes de sucre
1 culleradeta de bitxo mòlt
1 culleradeta de coriandre mòlt
2 cullerades de llet de coco
1 cullerada de salsa de soia

El sate són unes broixetes típiques de pollastre que es prenen amb salsa de cacauets (recepta a continuació).

Talleu la carn en daus i deixeu-la marinar un parell d'hores amb la resta d'ingredients ben mesclats.

Enfileu la carn i ja la podeu coure a la brasa tirant-li una mica d'oli de tant en tant.

SALSA DE CACAUETS (Indonèsia-Malàisia)

150 gr. de cacauets crus
2 cullerades d'oli vegetal
1 cullerada de pebrot picat
1 cullerada de sucre
1 cullerada de salsa de soia
6 cl. d'aigua
12 cl. de llet de coco
1 culleradeta de tarongina picada
1 culleradeta de coriandre mòlt
1/2 culleradeta de cúrcuma

Poseu els cacauets en una plata al forn i feu-los daurar una mica a foc mitjà. Peleu-los i aclariu-los amb un colador sota l'aixeta.

Aixafeu-los en un morter, barregeu-los amb la resta d'ingredients en una cassola i feu-ho bullir lentament durant 5 minuts sense parar de remenar.

SOPA AGRA I PICANT DE GAMBES (TOM YAM KUNG) (Tailàndia)

1 litre de fumet de peix
1 llimona
La pell ratllada d'una altra llimona
1 branqueta de tarongina
1 gra d'all
1 bitxo vermell fresc
1 cullerada de coriandre mòlt
1 cullerada de Nam Pla (salsa de peix assecat que es compra preparat)
3/4 kg. de gambes
Coriandre fresc
Ceba tendra picada

Poseu el fumet de peix en un pot amb una llimona tallada a quarts, la pell ratllada de l'altra llimona, la tarongina, l'all, el bitxo, el coriandre, el Nam Pla, sal i pebre, i deixeu-ho bullir lentament durant quinze minuts.

Afegiu-hi les gambes i deixeu que continuï la cocció fins que estiguin fetes. S'hi pot afegir coriandre fresc i una mica de ceba tendra.

Si voleu que aquesta sopa sigui més gustosa, podeu aixafar els caps de les gambes, fer-los bullir amb un got d'aigua durant uns minuts i afegir-ho a la sopa en el moment que hi afegiu les gambes.

ADOBO (Filipines)

1 pollastre de 1 kg.
1 culleradeta de pebre en gra
2 alls picats
1 fulla de llorer
3 cullerades de salsa de soia
10 cl. de vinagre.

Talleu el pollastre a quarters i poseu-lo a marinar durant unes hores (almenys 2 o 3) amb la resta d'ingredients.

Poseu-ho tot junt en una cassola i porteu-la a ebullició; deixeu que cogui lentament, tapada, fins que el pollastre sigui tendre (afegint-li una mica d'aigua si calgués).

Escorreu el pollastre i fregiu-lo amb oli molt calent fins que estigui daurat i cruixent.

Serviu-lo amb una amanida d'enciam, tomàquet i pomelo. Aquest plat també es pot fer amb carn de porc.

PORC AGREDOLÇ (GULAO ROU) (Xina)

1/2 kg. de llom de porc
1 cullerada de salsa de soia
1 cullerada de vi d'arròs (o xerès sec)
1 cullerada d'oli de sèsam
1 ou
1 ceba
1 cullerada de sucre
2 cullerades de vinagre de sidra o d'arròs
20 cl. de suc de taronja
1 culleradeta de maizena dissolta en 1 cullerada d'aigua Farina i maizena
Pebre
Oli vegetal

Talleu la carn en daus d'uns 2 cm. i barregeu-la bé amb la salsa de soia, el vi d'arròs (o xerès), l'oli de sèsam, l'ou batut i una mica de sal. Deixeu-la reposar almenys durant 30 minuts.

En una cassola, a foc lent, sofregiu la ceba trinxada i el sucre. Quan la ceba comenci a enrossir-se poseu-hi el vinagre i el suc de taronja, deixeu que cogui lentament durant 4 o 5 minuts, afegiu-hi la maizena mesclant-ho bé i, quan la salsa es faci espessa, assaoneu-la amb sal i pebre i retireu-la del foc.

Arrebosseu la carn amb la barreja de farina i maizena a parts iguals. En una paella, fregiu bé els daus de carn i escorreu-los bé d'oli. Torneu a posar al foc la cassola amb la ceba, el vinagre i el suc de taronja, afegiu-hi els daus de carn fregits i deixeu que cogui tot junt uns minuts.

TALLARINES A L'ESTIL DE SIXUAN (DAN DAN MIAN) (Xina)

200 gr. de carn picada de porc
2 cullerades de salsa de soia
1 gra d'all
1 cullerada de gingebre fresc
1 ceba petita
2 cullerades de pasta de sèsam
1 bitxo
12'5 cl. de brou
350 gr. de tallarines fresques
Pebre
Oli vegetal

Mescleu bé la carn, una cullerada de soia i una mica de sal. Fregiu-la bé mentre l'aneu esmicolant amb una espàtula. Reserveu-la.

En la mateixa paella, fregiu la ceba trinxada i l'all i el gingebre picats. Quan la ceba comenci a agafar color afegiu-hi la pasta de sèsam, el bitxo picat, l'altra cullerada de soia, el brou i una mica de sal. Deixeu que cogui lentament durant 4 minuts.

Mentrestant, poseu les tallarines fresques en un pot amb aigua bullent i, quan estiguin cuites, escorreu-les bé i serviu-les en bols individuals on a continuació hi abocareu el brou i finalment la carn fregida. Un toc final de pebre acabarà d'arrodonir aquest plat.

CHOP SUEY (Xina-Estats Units)

200 g. de pollastre cuit
200 g. de porc cuit
150 g. de xampinyons cuits (o bolets xinesos, en llauna)
150 g. de brots de bambú (en llauna)
50 g. de porros
200 g. de fideus fins
2 cullerades de salsa de soia
2 cullerades de sake (o xerès)
1 culleradeta de gingebre mòlt

Aquest plat va ser ideat pels treballadors xinesos que construïen els primers ferrocarrils a Califòrnia; per aquesta raó no sol aparèixer en els llibres de cuina xinesos. El seu nom significa «mescla de restes» i és un plat que admet moltes variants (altres verdures, peix, mariscos, etc.). El toc xinès ve donat, bàsicament, pel trossejat dels ingredients i la seva cocció ràpida i per l'ús de la salsa de soia i de gingebre. Aquesta és la nostra proposta:

Talleu la carn a dauets petits, els xampinyons a quarts, els brots de bambú a tires i els porros en rodanxes fines.

Poseu a bullir els fideus en aigua abundant fins que estiguin cuits. Escorreu-los.

En una paella amb oli calent aneu saltejant tots els ingredients, durant uns minuts, sense parar de donar voltes amb una espàtula.

Mescleu la salsa de soia, el vi d'arròs i el gingebre i afegiu-ho a la paella. Poseu sal, espereu un minut, i ja es pot servir.

PUL GOKI (Corea)

1/2 kg. de vedella
4 grans d'all picats
1 cullerada de gingebre picat
4 cullerades de salsa de soia
1 cullerada d'oli de sèsam
1 cullerada de llavors de sèsam rostides (passades per una paella calenta)
1 culleradeta de sucre
2 cullerades de ceba tendra picada

Talleu la carn en làmines fines i poseu-la a marinar durant al menys 3 o 4 hores amb la resta d'ingredients ben mesclats. Coeu-la a la barbacoa i serviu-la amb una salsa que farem tot barrejant els següents ingredients:

3 cullerades de salsa de soia
1 cullerada d'aigua
1 cullerada de sake
1 cullerada de ceba tendra picada
1 culleradeta d'all picat
1 culleradeta de bitxo mòlt
1 culleradeta de llavors de sèsam rostides i moltes.

SUNOMONO DE MARISC (Japó)

16 cloïsses grans
12 gambes
1 cogombre
1 llima (o llimona)
6 cl. de vinagre d'arròs
2 cullerades de mirin (sake dolç)
1 cullerada de salsa de soia

Renteu bé les cloïsses i coeu-les al vapor durant uns tres minuts. Afegiu-hi les gambes i continueu la cocció fins que les cloïsses s'obrin i les gambes estiguin cuites. Deixeu-les refredar.

Peleu el cogombre, talleu-lo a rodanxes fines, disposeu-lo en un plat i cobriu-lo d'aigua salada durant 20 minuts. Escorreu-lo.

Mescleu el vinagre, el mirin i la salsa de soia i doneu-li un bull en un pot que no sigui d'alumini. Aboqueu aquesta vinagreta en una tassa i deixeu que es refredi.

Col·loqueu en plats individuals el cogombre, les gambes pelades i les cloïsses sense closca. Amaniu-ho amb la vinagreta i adorneu-ho amb trossos de llimona. Recordeu que cal cuidar la presentació a la japonesa.

YAKITORI (Japó)

300 g. de pollastre desossat
1 ceba
1 pebrot verd
2 porros
1 gra d'all
1 cm. de gingebre fresc (opcional)
10 cl. de salsa de soia japonesa
5 cl. de mirin (sake dolç)
5 cl. de sake
1 culleradeta de sucre
1/2 culleradeta de pebre vermell

Talleu el pollastre en daus d'aproximadament 2 cm.

Trossegeu la ceba i el pebrot.

Talleu els porros en rodanxes, usant solament la part blanca.

Alternant pollastre i verdures, enfileu-ho en broixetes.

Piqueu finalment l'all i el gingebre i mescleu-ho en un cassó amb la salsa de soia, el mirin, el sake, el sucre i el pebre vermell.

Deixeu que doni un bull i aboqueu aquesta salsa sobre les broixetes.

Deixeu-los marinar durant 30 minuts.

Poseu les broixetes a la barbacoa o sota el grill del forn durant 2-3 minuts de cada costat. Retireu-les, submergiu-les novament en la salsa un moment i torneu-les a coure fins que el pollastre estigui al punt. Els japonesos acostumen a menjar aquestes broixetes més com a tapa que com a plat principal.

HUMUS (Mediterrània Oriental)

150 gr. de cigrons secs
3 cullerades de tahina (pasta de sèsam)
2 grans d'all
2 cullerades de suc de llimona
3 cullerades d'oli d'oliva

L'humus és el puré de cigrons clàssic de la zona. Renteu els llegums sota l'aixeta i deixeu-los en remull durant dotze hores en aigua freda abundant.

Poseu al foc un pot amb un litre d'aigua i quan bulli hi tireu els cigrons. Tapeu el pot i deixeu que cogui lentament durant 45 minuts, sense que aquesta cocció sigui interrompuda ni el pot destapat en cap moment.

Un cop trets del foc, aboqueu-hi un bon raig d'aigua freda i espereu un bon parell d'hores abans d'escórrer-los.

Aixafeu bé els cigrons (a mà o bé amb una batedora i l'ajut d'una mica d'aigua) fins que el puré tingui la textura desitjada. Mescleu-hi bé la resta d'ingredients. És millor si ha reposat una estona a la nevera.

MUTTABAL (BABA GHANOUG) (Mediterrània Oriental)

2 albergínies
2 cullerades de tahina (pasta de sèsam)
2 grans d'all
2 cullerades de iogurt
1 cullerada de suc de llimona
Bitxo mòlt
Julivert

Poseu les albergínies al forn, deixeu que es vagin torrant (amb el gratinador) i, quan estiguin escalivades, emboliqueu-les amb un drap humit fins que estiguin fredes per poder pelar-les millor.

Netegeu-les de pells i llavors i mescleu la carn amb la Tahina, l'all i el iogurt (aixafeu-ho a mà o bé amb l'ajut d'una batedora).

Amaniu el puré amb el suc de la llimona i la sal.

Serviu-la freda, adornada amb el julivert picat i una mica de bitxo mòlt.

MUSSAKA (Grècia)

1/2 kg. de patates
4 albergínies
2 cebes picades
1/2 kg. de carn picada (de xai, vedella i porc mesclada)
2 cullerades de salsa de tomàquet
herbes (farigola, romaní, i altres de l'estil al gust)
1 iogurt
2 ous

Peleu les patates, talleu-les a rodanxes i fregiu-les en oli calent amb poca sal. Reserveu-les.

Talleu les albergínies a daus, saleu-les i al cap de trenta minuts fregiu-les. Reserveu-les.

Fregiu la ceba i abans que es dauri afegiu-li la carn picada. Quan canviï de color afegiu-hi les albergínies fregides. Remeneu-ho uns instants i poseu-hi el tomàquet i un parell de cullerades d'aigua, i deixeu que tot junt cogui lentament deu minuts.

En una plàtera ben untada d'oli o mantega poseu-hi capes alternes de patates i carn amb albergínies i deixeu que es facin al forn durant 40 minuts a foc moderat.

Bateu els ous, barregeu-los amb el iogurt i tireu-ho al damunt de la mussaka.

Espereu deu minuts més, que s'hagi format una crosta, i el plat estarà a punt de ser servit.

CUSCÚS DE CARN (Magreb)

1 paquet de 1/2 kg. de cuscús (gra mitjà)
400 g. de carn (vedella, xai o pollastre) trossejada
1 ceba picada
1 pebrot picat
150 g. de tomàquets pelats i trossejats
150 g. de pastanagues pelades i a rodanxes gruixudes
100 g. de naps trossejats
150 g. de cigrons remullats
1 culleradeta de comí.

El recipient ideal per a elaborar aquest plat és la «cuscussera», una olla de dos pisos (l'estofat es cou abaix i la sèmola a dalt amb el vapor de l'estofat). Altrament, pot usar-se una olla normal encabint un colador en el qual col·locarem el cuscús, que de cap manera pot tocar l'estofat.

Aneu esquitxant el cuscús amb aigua salada abundant fins que veieu que s'hagi inflat. Escampeu-lo bé perquè s'assequi.

En una olla amb oli calent fregiu la ceba fins que estigui tova, poseu-hi el comí, remeneu bé i seguidament la carn. Deixeu que agafi color durant uns minuts i afegiu-hi els tomàquets, el pebrot, les pastanagues, els naps, els cigrons, sal al gust i 3/4 de litre d'aigua calenta. Tapeu l'olla i deixeu que cogui lentament durant 25 minuts.

Poseu el cuscús en un colador a l'olla, tapeu-la bé i deixeu que es vagi fent al vapor durant 45 minuts. Cada 8-10 minuts haureu d'airejar el cuscús, procurant que el gra vagi quedant solt, amb l'ajut d'una forquilla.

Serviu el cuscús amb l'estofat, escorregut, al damunt, i el brou apart. Pot acompanyar-se de la salsa picant Harissa, de la qual en donem la recepta a continuació.

HARISSA (Magreb)

1 pebrot vermell
2-3 bitxos vermells frescos
400 g. de tomàquets
2 grans d'all
1 culleradeta de comí mòlt
1 culleradeta de coriandre mòlt
2 cullerades de vinagre

En un cassó de fons gruixut poseu una mica d'oli i els tomàquets pelats i trossejats. Deixeu-ho coure a foc mitjà durant uns minuts fins que la salsa quedi espessa.

Treieu les llavors dels bitxos i aixafeu-los en un morter amb la resta d'ingredients i sal al gust fins que la salsa tingui una textura fina (podeu usar una batedora).

CHEBU CHEN (Senegàmbia)

1 peix de 1 kg., en rodanxes
150 gr. de puré de tomàquet
2 bitxos
1 col petita
150 gr. de pastanagues
150 gr. de moniatos
100 gr. de carbassa
200 gr. d'albergínies
150 gr. de naps
3 cebes
2 grans d'all
Julivert, sal, pebre negre i llorer
250 gr. d'arròs

Peleu les verdures, trossegeu la col i talleu a daus la resta. Feu una pasta amb una ceba, l'all, el julivert i un bitxo; amb un ganivet ben esmolat, feu unes incisions en el peix i farciu-les amb aquesta pasta.

Piqueu les altres cebes i fregiu-les. Quan comencin a enrossir-se afegiu-hi els talls de peix i fregiu-los fins que estiguin daurats. Reserveu-los.

En la cassola on ha quedat la ceba fregida poseu-hi el puré de tomàquet dil·luït en un litre d'aigua. Quan bulli afegiu-hi les verdures, sal i l'altre bitxo picat.

Deixeu-ho bullir lentament, durant 15-20 minuts, tapat. Afegiu-hi el peix i deixeu que continuï la cocció fins que estigui cuit. Retireu les verdures i el peix i manteniu-ho calent. Tireu l'arròs a la cassola (hi ha d'haver el doble de brou que d'arròs, en volum) i, quan estigui cuit, serviu l'arròs amb el peix i les verdures a sobre.

POLLASTRE YASSA (Senegàmbia)

1 pollastre de 1 kg.
2 llimes
2 cebes
Pebre vermell i llorer
Oli

Talleu el pollastre a quarters i deixeu-lo marinar durant dues hores en el suc de les llimes, una mica de pebre vermell i una fulla de llorer.

Talleu les cebes en rodanxes fines i poseu-les al damunt d'aquesta marinada amb 2 cullerades d'oli.

Rostiu el pollastre en una barbacoa.

Fregiu la ceba fins que estigui tova, afegiu-hi el suc de la marinada i deixeu-ho bullir lentament durant 5 minuts.

Afegiu-hi el pollastre i una mica d'aigua. Tapeu-ho i que cogui lentament 15 minuts més.

Aquest plat s'acostuma a servir amb arròs.

FRIJOLES NEGROS ENCHILADOS (Mèxic)

2 cebes picades
2 grans d'all picats
1 culleradeta i mitja de llavors de comí
1 culleradeta i mitja de bitxo picat
2 tomàquets pelats i picats
1/2 kg. de mongetes negres cuites

Sofregiu l'all i la ceba fins que comenci a daurar-se. Afegiu-hi el comí i el bitxo, remeneu-ho una mica i a continuació poseu-hi el tomàquet. Deixeu que es cogui tot fins que el sofregit tingui la consistència adequada. Afegiu-hi les mongetes (la meitat senceres i l'altra meitat fetes puré) juntament amb una mica del brou resultant de coure-les. Espereu uns minuts i estaran a punt per servir.

GUACAMOLE (Mèxic)

4 alvocats
2 grans d'all
1 ceba petita
4 tomàquets petits
El suc de dues llimones
1/4 de culleradeta de comí mòlt
1/4 de culleradeta de bitxo mòlt
1 bitxo verd fresc sense llavors i picat
2 cullerades de coriandre fresc

Feu una pasta amb tots els ingredients de la recepta. Depèn de la textura que desitgeu, ho aixafareu més o menys estona en el morter: l'autèntic es fa a mà. Pot ser usat per a farcir Tacos, acompanyar verdures, carn o peix rostit, enchiladas, sucar-hi nachos, etc. Ha de ser consumit el més ràpidament possible després de fet.

MOLE POBLANO DE POLLO (Mèxic)

1 pollastre de 1 kg. tallat a vuitens
1 ceba picada
2 grans d'all picats
1 fulla de llorer
llard (o oli)
Per la salsa:
4 bitxos secs «ancho»
4 bitxos secs «pasilla»
25 g. de panses de Corint
40 g. d'ametlles
10 g. de cacauets
20 g. de llavors de carbassa
1 ceba
2 grans d'all
250 g. de tomàquets, pelats i trossejats
1/2 culleradeta de llavors de fonoll mòltes
1 clau
1/2 culleradeta de canyella en pols
20 g. de xocolata amarga, a trossets
1 cullerada de llavors de sèsam
llard (o oli)

Els tipus de bitxos d'aquesta recepta no són gens fàcils d'aconseguir aquí. Poden ser sustituïts per 3-4 bitxos vermells secs (del tipus més gran i fosc) més un parell de bitxos vermells frescos. D'aquesta manera s'obté una bona adaptació de l'original.

En una paella, enrossiu lleugerament els trossos de pollastre i passeu-los a una cassola amb la ceba, l'all, el llorer, aigua suficient per a cobrir el pollastre i sal al gust.

Deixeu que es cogui lentament amb la cassola tapada fins que el pollastre estigui gairebé cuit (uns 30 minuts). Coleu el brou i reserveu el pollastre.

Poseu els bitxos i les panses en remull, separadament, durant una hora, usant part del brou.

Aixafeu en un morter les ametlles, els cacauets i les llavors de carbassa fins a aconseguir una pasta fina.

Escorreu les panses i els bitxos, peleu-los i treieu-ne les llavors.

En una picadora, feu un puré amb la ceba, els alls, els tomàquets, els bitxos, les panses i la pasta de les ametlles.

En una cassola, poseu aquesta salsa a sofregir durant uns minuts a foc lent, afegiu-li aproximadament 25 cl. del brou on s'ha cuit el pollastre. Deixeu-ho coure durant uns minuts i afegiu-hi el fonoll, la canyella, el clau i la xocolata. Quan aquesta s'hagi fos, poseu els trossos de pollastre a la cassola i deixeu que cogui tot junt molt lentament durant quinze minuts.

A l'hora de servir el plat, empolsimeu-lo amb les llavors de sèsam rostides (en una paella sense oli).

Podeu acompanyar-ho de tortillas, arròs o frijoles.

APORREADO CRIOLLO (Cuba)

1/2 kg. de vedella
Orenga
Suc de llimona
1 all
1 ceba
2 tomàquets mitjans
Vinagre
Julivert

Talleu la carn a daus i poseu-la a bullir amb orenga, el suc de llimona i una mica de sal. Un cop cuita, aixafeu-la en un morter per tal de poder esfilagarsar-la amb més facilitat. Reserveu-la.

Feu un sofregit amb l'all, la ceba, el tomàquet i el julivert, i cobriu-ne la carn que haureu amanit amb una mica de vinagre.

PAPAS A LA HUANCAINA (Perú)

1/2 kg. de patates
1 gra d'all
1 cullerada de cúrcuma
1 cullerada d'ají mòlt
Herbes (orenga, alfàbrega, farigola, i altres de l'estil al gust)
1/2 litre de llet
llard

Bulliu les patates sense pelar fins que estiguin pràcticament cuites.

Poseu llard en una cassola i fregiu l'all picat, l'ají mòlt, la cúrcuma i les herbes fins que l'all estigui rosset.

Afegiu lentament la llet bullent i aneu remenant fins a aconseguir una consistència cremosa.

Incorporeu-hi les patates pelades i tallades a rodanxes, tapeu la cassola i deixeu que cogui molt lentament durant 10-15 minuts.

CHIMI-CHURRI (Argentina)

6 cullerades d'oli d'oliva
12 cullerades de vinagre
2 cullerades de pebre vermell picant
1 culleradeta de pebre negre
1 culleradeta d'orenga
1 culleradeta de llorer picat

Cada argentí en té la seva pròpia variant. És la salsa típica i ideal per a les carns a la brasa: poseu tots els ingredients en una ampolla, agiteu-la bé i manteniu-la uns dies en un lloc fresc i sec abans d'usar-la.

AMANIDA WALDORF (Estats Units)

200 gr. d'api
200 gr. de pomes
100 gr. de nous
100 gr. de maionesa
2 cullerades de suc de llimona
4 cullerades de crema de llet

Bulliu l'api un parell de minuts, peleu-lo i talleu-lo a tires. Peleu les pomes, treieu-ne el cor i talleu-les a tires. Partiu les nous en trossets petits.

Barregeu la maionesa amb el suc de llimona, la crema de llet i sal.

Mescleu-ho tot bé i abans de servir deixeu-la una estona a la nevera.

CLAM CHOWDER (Estats Units)

3/4 de kg. de cloïsses
100 gr. de cansalada fresca
2 cebes
1 pebrot
200 gr. de patates
300 gr. de tomàquets
100 gr. d'api
Julivert
Farigola
Pebre negre
2 rovells d'ou
4 cullerades de crema de llet

Peleu i trossegeu les patates, els tomàquets i l'api.

Talleu a daus la cansalada, i fregiu-la amb la ceba i el pebrot picats fins que agafi color.

Afegiu-hi les patates, els tomàquets, l'api i, seguidament, 3/4 de litre d'aigua. Deixeu que bulli lentament i tapat durant uns 15 minuts.

Afegiu les cloïsses ben netes, el julivert, un polsim de farigola i de pebre negre i espereu 10 minuts més amb la cassola tapada. Heu de batre bé els rovells i la crema de llet i afegir-ho a la sopa just abans de servir.

Relació de Restaurants

que s'han obert després

de la primera edició

d'aquesta Guia

NAGASE (japonès)

Av. Roma 49 (Entença) 08029; T. 430 00 21.
Metro: Entença/Tarragona. Horari: 13-15'30 i 20-23'30. Tancat: Dilluns.
Estàndard: Mitjà. Menú: 1.100 pts.

Aquest establiment és l'aventura personal que el Senyor Nagase ha decidit emprendre després d'haver estat cuiner en altres restaurants japonesos de la ciutat. Data dels primers mesos del 93. Ell personalment concentra la seva activitat en la cuina, ajudat en la barra de Sushi per un especialista en la matèria, mentre que d'atendre els clients se n'encarrega personal local, el qual mirarà de desvetllar-vos els misteris de la seva àmplia carta.

Es tracta d'un local petit, una vintena de places repartides en taules més tres seients a la barra del peix cru, agradable a la manera senzilla, un d'aquells llocs amb poques pretensions on resulta còmode i fàcil d'anar-hi, perquè també els preus resulten prou ajustats: remarqueu especialment el menú de migdia a 1.100 pessetes, per exemple, quatre platets diferents servits conjuntament en una safata compartimentada a l'efecte.

Estem en condicions de recomanar el seu Sushi, una de les grans especialitats de l'establiment. Com a opció més singular, però sense extravagàncies, podeu intentar el Kushiage, una varietat de broixetes arrebossades que té molt d'èxit i agrada tothom. Les diverses possibilitats de peixos a la sal també són molt típiques i gens estranyes: encara que aquí també tenim algunes receptes de la mateixa línia, canvia la manera de posar-lo al foc, i també les espècies i vegetals acompanyants, així que aquests plats sempre resulten una deliciosa variant. Pels més agosarats i introduïts, ens és molt recomanat el seu Natto, la clàssica sopa fermentada.

Disposen també d'una llista variable de suggerències de temporada. Pregunteu al respecte.

SHARAKU (japonès)

Port Olímpic 44, 08005; T. 221 10 92/221 10 11.
Metro: Ciutadella. Horari: 12'30-16 i 20'30-24.
Tancat: Dilluns. Estàndard: Mitjà. Menú: 1.250 pts.

De moment, el Sharaku és l'únic exòtic que s'ha animat a obrir a aquesta Vila Olímpica que es va escalfant dia a dia. És una delícia de poder tastar les subtileses japoneses a la vora del mar d'aquesta nova Barcelona, en el marc calmat del mateix Port Olímpic. Compte, el rètol és petit i sovint passa desapercebut, especialment de dia quan no està il·luminat; gairebé és més fàcil guiar-se per les típiques banderes blau marí, amb caràcters japonesos en blanc, penjades per damunt de la mateixa porta segons és típic en els restaurants del Japó.

Va ser el senyor Toshio Okada qui va decidir de portar a terme aquesta iniciativa, el maig del 93. El senyor Okada s'ha cuidat de la decoració del local, arribant a confeccionar personalment molts dels elements com ara llums, marcs, suports de canya i altres; de la seva afició a l'art sorgeix el nom del local, el qual fa referència a Toshusai Sharaku, un pintor místic al Japó que va realitzar tota la seva obra −145 retrats d'actors de kabuki− en menys d'un any!, entre 1794 i 1795. Molt japonès, tot aquest tel de misteri. En el local hi ha la reproducció d'un dels seus quadres per un pintor actual.

Anem per la teca. Un menú amb molt bona relació qualitat-preu, conformat per arròs, sopa, cinc platets i un plat principal. L'únic problema és que per a aquest menú s'ha de trucar amb antelació (una hora és suficient), això és un hàbit prou establert entre la clientel·la japonesa. De la carta, destaquem les sopes, especialment el ramen, menys comunes a la ciutat; com a singularitats, les anguiles, ¡fresques! rostides amb salsa japonesa, i l'amanida de salmó; un parell d'especialitats de carn freda de bou si porteu carnívors agosarats al grup; i també la varietat de Makisushi, rotllets d'alga i arròs amb diversos acompanyaments; i qui en sigui devot, també té el rei Sushi (dos preus segons nombre de peces) a la seva disposició.

RESTAURANTE FAMILIAR (magribí)

Robador 14, 08001; T. 443 41 15. Metro: Liceu.
Horari: 9-21. Tancat: Divendres. Estàndard: Econòmic.

Els marroquins i els algerians que van a la mesquita del carrer Hospital disposen d'aquest establiment a uns cents de metres del temple; per això se'ls veu transitar per l'emblemàtica artèria del Xino, sobretot a les hores d'abans o després de les pregàries, driblant l'element humà sempre present en l'estret carrer, submergits en aquell paisatge que no està dedicat majoritàriament al sector del cuscús.

Cap a les nou, quan la cosa puja de to, foscor, neos i gent, tanquen, ens diuen el propietari Mohamed i el seu fill Yalal, els amables ceutís que atenen el negoci. Aquí sobretot treballen al migdia, més tranquil.

En aquest local simple hi conviuen els símbols del Marroc amb iconografia del Barça; teteres ornamentades i un escut del Barça, rètols en àrab i una foto de la plantilla blaugrana, música magribina i fotos de l'Stoitxkov, que sembla ser el més apreciat d'entre els jugadors.

En una pissarra hi ha apuntats la dotzena de plats que proposen, tots a uns preus economiquíssims; cuscús a 500, Baisar (el puré de pèsols) a 250, Harira a 250 i algunes opcions espanyoles o almenys mestissades, fetge, llenties, callos, bistec. Naturalment, tot ben casolà.

XOCHIMILCO (mexicà)

Urgell 272 (Londres) 08036; T. 419 52 09.
Metro: Hospital Clínic. Horari: 13-16 i 20-24.
Tancat: Dilluns. Estàndard: Alt.

Aquest nom curiós és una veu nahuatl de significat poètic, «lloc on creixen les flors», i es pronuncia «so-txi-mil-co», per tant res a veure amb la brometa picant que segur que se li acudirà al graciós del grup. Fa referència a un antic poblat de la vall de Mèxic, avui suburbi de la metròpoli, construït en un llac.

El Xochimilco és el projecte d'un grup d'empresaris mexicans, recolzats pel seu govern, que pretén donar a conèixer la cara més sofisticada i moderna del seu país, deixant de banda els tòpics més coneguts i recurrents. Aquesta iniciativa, que preveu obrir nou establiments per Europa essent el de Barcelona el primer, desborda l'àmbit estrictament gastronòmic, raó per la qual porten a terme un seguit d'activitats culturals paral·leles com ara la publicació de la revista «La Hoja de Amate» i el manteniment d'una Galeria d'Art.

Aquest restaurant ens omple un buit, oferint-nos la possibilitat de conèixer la línia més refinada de la gastronomia mexicana, justificant així la seva fama de ser una de les més riques i imaginatives del planeta.

Per què no començar amb un aperitiu a base de chapulines, per exemple: són grills trossejats (sí, insectes) en una salsa tènuement picant acompanyada de guacamole, considerats menja exquisida igual que els cucs; uns i altres animalons no consten a la carta perquè depenen d'estocs no sempre possibles, almenys de moment. Pregunteu. Estem en condicions de recomanar els creps de huitlacoche (farcit a base de pasta del bolet de blat de moro), les Flores de Calabaza Rellenas de Queso (empanades cruixents), el Filete Pajaritos (filet farcit de verdures) o el clàssic Mole Poblanco, sensacional. De postres, una Gelatina Cuautehmoc en honor al darrer rei màrtir. Vins de Baja Califòrnia i de Zacatecas, Café de la Olla amb canyella. Aquestes en són algunes, però el nivell del xef garanteix l'èxit de qualsevol proposta. Deixeu-vos aconsellar.

OH TEQUILA DE SARRIÀ (mexicà)

Major de Sarrià 95 bis (Plaça de Sarrià) 08017.
T. 203 63 10/280 48 74. FFCC: Reina Elisenda. Horari: 13'30-1
Tancat: Diumenge. Estàndard: Moderat.

Encara que el senyor Rodríguez del restaurant homònim de Gràcia té una participació en aquest establiment, el presentem apart perquè hi ha algunes diferències ressenyables. Aquest és a tocar de la plaça de Sarrià i va ser obert al públic a mitjans de l'any 93.

La decoració busca un aire informal, amb elements bàsicament rústics, folklòrics i populars, i això inclou Verges de Guadalupe, barrets, quadres, grafitis en algunes parets, corridos pels altaveus, etc.; la pinzellada més original, i mai millor dit això de pinzellada, la posen els quadres de la pintora igualadenca Blanca Soler, creats en uns tons molt mexicans que lliguen molt bé amb l'ambient.

Oh Tequila de Sarrià ofereix dos conceptes: el Botaneo (anar de tapes), activitat que té lloc a la planta baixa, que té un aspecte com de bar, i els sopars més reglamentaris, que majoritàriament s'ubiquen a la sala de dalt.

Trobareu el grapat de plats més habituals en els restaurants mexicans. Si hi aneu al migdia, entre 13 i 16'30 ofereixen un menú de Botaneo i ells posen la beguda; si preferiu més plat, tenen un Plato Combinado composat per un Bistec de Vedella amb Salsa Mexicana, Frijoles, Arròs i un Burrito de Pollastre. I si és a la carta, especialment si teniu ganes de fer un àpat social, es recomana la Comilona de Charro (per cert, en una de les sales hi ha un gran retrat del Consejo Directivo de la Asociación Nacional de Charros als anys 20), la qual consisteix en una estesa d'ingredients damunt de la taula i una pila de tortillas perquè cada u vagi fent-se els propis tacos. Us posaran daus de vedella, pollastre rostit, formatge ratllat, guacamole, picadillo mexicano, etc. més les dues salses, verda i vermella. Es divertit d'anar combinant i comentar la jugada.

TIJUANA (mexicà)

Comte Borrell 296 (París) T. 439 11 09.
Metro: Hospital Clínic. Horari: 13'30-16 i 20'30-1. Tancat: Diumenge migdia.
Estàndard: Moderat. Menú: 975 pts.

Quan un penetra al Tijuana, té una certa sensació de local despullat, probablement per comparació amb l'abundància iconogràfica que adorna la majoria de restaurants mexicans. Tanmateix, després d'una estona a l'interior hom es percata que aquesta nuesa és precisament la decoració, perquè no som a Mèxic, sinó a la frontera, prop de Río Grande, en una d'aquelles construccions austeres enmig d'un paisatge desèrtic, on els grups de genets s'aturen a «tomar un trago o a llenar la barriga de plomo a algun fulano» desprevingut. Parets ocres amb clapes rascades, blau cel per contrast a les finestres, cranis d'animals d'aquells que un va trobant pel desert, algun barret de charro, i poca cosa més, talment com a Tijuana.

I està clar, el menjar no és pròpiament mexicà, és TexMex. Així ens ho explica en Brauli, amo i *alma mater* d'aquest local petit i exitós a tocar de l'Escola Industrial. La seva mare mexicana s'encarrega de la cuina, imprimint el seu segell casolà als plats.

Carta curta i poc complicada, és fàcil de triar un parell o tres de platets per picar i ja has menjat. I a més, a preus raonables. Teniu el més habitual, totopos, tacos, quesadillas, burritos, enchiladas, etc., i també hamburgueses; remarquem que la família està especialment orgullosa del seu guacamole domèstic, i també del chili con carne. I com a especialitat més singular destaquem les Cebollitas que, fetes a la planxa, són una mena de parent llunyà dels calçots.

SI SEÑOR (mexicà)

Diagonal 593 (Numància) 08014; T. 419 03 40.
Metro: Maria Cristina. Horari: 13-24. No tanca.
Estàndard: Mig-Alt.

Aquest restaurant, just davant del Hilton, és la representació barcelonina de la prestigiosa cadena del D.F. Carlos'n Charlie's, la qual ja té botiga oberta a L.A., Madrid i altres ciutats. És un local típic de la Diagonal alta, espaiós, asèptic i amb grans finestrals, farcit amb una decoració que busca la intersecció entre Catalunya i Mèxic en clau dels anys noranta: un mariachi de calaveres damunt la porta, un mural de catalans universals endrapant tacos al pis de baix, retrats de camperols, etc., i tot aquest paisatge és habitat per un servei acurat, organitzat a la manera americana.

Al Sí Señor disposen d'una carta àmplia. Si voleu Botanas (Tapes), en teniu tot una varietat (potser destacaríem les Cazuelitas, tortillas farcides de guacamole, frijoles i pollastre), i fins i tot podeu demanar-ne una selecció individual; entre les sopes, té molta sortida la de Fideus; dels peixos, Langostinos al Tequila Cuervo i també Pez Veracruz, probablement la recepta de peix més famosa de Mèxic, amb una salsa a base de tomàquet, all, bitxo i tàperes; les carns són totes fetes al carbó, i entre elles destaca el Solomillo Azteca, servit amb una salsa verda lleugerament picant i gratinada al formatge, i també el clàssic de la cuina yucateca Cochinilla Píbil. Assenyalem que en l'apartat dels tequiles la casa Cuervo hi té un contracte en exclusiva, i algunes de les seves variants, ens diuen, només es poden trobar en aquest establiment en tota la ciutat.

SAMBA DEMBA (Afro-caribeny)

Concòrdia 13 (Paral·lel-Parlament) 08004.
T. 443 40 02 11 09. Metro: Poble Sec. Horari: 20'30-1. Tancat: Diumenge.
Estàndard: Mitjà.

Tancat el Kairabà, el Samba Demba recull la singularitat de ser l'única opció africana de la ciutat. En realitat, aquest restaurant es defineix com a afro-caribeny, aprofitant el lligam cultural –i per tant gastronòmic– entre les dues zones, establert a causa del comerç d'esclaus. Aquest local obre el novembre del 93 i és iniciativa de dos socis, José i Ignacio; aquest darrer, que és de Togo, ja té una certa experiència en negocis relacionats amb la cultura africana.

En abraçar un àrea geogràfica tan extensa, el Samba Demba vol assegurar-se una diversitat d'alternatives per a la seva carta, la qual divideixen bàsicament en plats caribenys i plats africans: els primers ens són més familiars, com ara el Sancocho, que és un estofat molt popular a Colòmbia o l'Arroz con Frijoles i Ternera, estructura que en diverses variants es consumeix per tota la zona; també el Niño Envuelto (arròs especiat embolicat en una fulla de col) el resolen molt bé, i no manca tampoc el famós Peix amb Coco. Les propostes africanes, per la seva banda, provenen més aviat de la part occidental del continent, la de cultura més elaborada, i més particularment de les zones de Senegàmbia i Togo-Camerun. En aquesta secció trobem per exemple el Gboma Goussi, un excel·lent pollastre amb salsa d'espinacs, i els classiquíssims Chebú Chen (peix estofat amb ceba, tomàquet, bitxo i verdures) i Mafe (vedella amb salsa de cacahuet).

A banda d'aquestes seccions principals s'ofereixen entrants i acompanyaments. D'aquí recomanen molt especialment el Ñame i la Yuca, fregits o bullits, el Fufu o el Pan de Maíz: aquests tubèrculs i preparats de cereals constitueixen, juntament amb l'arròs, la base de la seva alimentació, i per tant estan en la rel de la seva cultura gastronòmica. Resulta, doncs, imprescindible d'acompanyar o complementar l'àpat amb algun d'ells.

RESTAURANTS RUSSOS

INTRODUCCIÓ

Al llarg dels segles de fred i de pobresa, la base de la subsistència russa han estat les sopes consistents, l'olla calenta on hi cap tot, verdures, bocins de carn, etc.; l'element característic i diferenciador d'altres caldos del món el dóna el toc agre tradicional, aconseguit a partir de llimona, vinagre, nata agra o tàperes.

Els ingredients històrics de la cuina russa, partíceps en les olles esmentades i també en altres receptes clàssiques són, entre les verdures, col, remolatxa, ceba; com a lactis, ous, formatge i l'esmentada nata agra; dels cereals, el sègol, l'ordi i el blat; i no cal oblidar els bolets, que ocupen lloc d'honor entre els gustos de la gent d'aquell país.

A partir d'aquí, la història va modelant el quadre gastronòmic: dels tàrtars queda el tractament dels lactis, tan essencial, i també sistemes de conservació com ara la salmorra; l'emperador Pere el Gran, el gran occidentalitzador del país a cavall entre els segles XVII i XVIII, introdueix les patates (quina troballa per l'olla!) i contracta cuiners suecs i alemanys que aporten les salsitxes, els formatges curats, les compotes i també un sistema d'aperitius que derivaria en el conegut Zakuski; finalment, al segle passat, els xefs francesos donen el foc refinat definitiu a la cuina imperial, aconseguint receptes de fama mundial.

Entre els plats més imprescindibles cal destacar la Sopa Borsch (característic color de remolatxa, menjada amb la nata agra); l'Strogonoff, vedella amb salsa de xampinyons, ceba, pebrots i crema de llet, un nom ben rus en homenatge a uns rics comerciants de Novgorod; l'esmentat Zakuski, un sistema més que un plat, assortit d'aperitius; i no oblideu en cap cas la Vodka, que es tradueix com a «petita aigua».

Tots aquests plats i molts d'altres els podeu tastar a l'únic restaurant d'aquest secció. Constateu que, a la nostra ciutat, no hi cap altre representant de les cuines de l'Europa Oriental.

BOLSHOI (rus)

Sepúlveda 78 (Calàbria) 08015; T. 325 11 59.
Metro: Rocafort. Horari: 13-15'30 i 20'30-23'30.
Tancat: Diumenge nit i Dilluns. Estàndard: Alt. Menú: 2.500 pts.

Única opció russa a la ciutat, aquest restaurant és una iniciativa endegada per Jesús i Graciela a mitjans del 93; el bon treball d'aquest matrimoni, ell al menjador, ella a la cuina, els ha procurat ja una colònia d'autèntics fidels en els pocs mesos que porten oberts. El Bolshoi és una proposta de to refinat, i això s'evidencia ja en el mateix local, en la seva decoració tènue i delicada que s'absté de recarregaments folklòrics.

La carta presenta un estudiat equilibri, una cinquantena de plats dividits en deu apartats homogenis. La majoria d'ells són ben desconeguts entre nosaltres, i porten una breu explicació orientativa al costat. Dels entrants estem en condicions de recomanar la Sielda, una suau mousse d'arengada i salmó amb salsa tàrtara i, si preferiu la sopa, el Borsch de tota la vida amb la seva corresponent nata agra; si sou amants dels pastissets i en voleu provar la variant russa, el vostre apartat són els Blinis, intenteu els de caviar; o també pot ser interessant començar per la Cassoleta Criby, bolets –element essencial en la cuina russa– amb nata i ou, gratinats. Per plat principal, si sou de peix, podeu animar-vos a triar el peix espasa Iablaka, cuinat amb pomes i xampinyons; de les aus, el pollastre a la Caucasiana és justificadament exitós entre la clientela, cuinat amb una salsa al vi blanc, albercocs i amb arròs; entre les carns, l'Strogonoff famós o bé el Medalló Bolshoi, un rellomillo amb salsa de fruits del bosc a la vodka; i per postres, la Mousse Likami, crema de nata al vi i vodka, o el Kisel, gelatina de fruits de bosc i gelat. I per acabar, te amb confitura o mel i, està clar, uns quants tantos de vodka.

El nivell de tots els plats és simplement excel·lent, d'una estudiada subtilitat. Hi ha il·lusió i professionalitat al darrera, i això es fa notar. No podem menys que celebrar-ho, especialment en tractar-se de l'única proposta del seu gènere. Podeu portar-hi qui volgueu, i segur que quedareu bé. Si no lligueu amb un sopar així, és que la cosa està molt crua.